खुदाराम और चन्द हसीनों के खुतूत

खुदाराम और
चन्द हसीनों के खुतूत

पाण्डेय बेचन शर्मा 'उग्र'

वाणी प्रकाशन

वाणी प्रकाशन
4695, 21-ए, दरियागंज, नयी दिल्ली 110 002

शाखा
अशोक राजपथ, पटना 800 004

फ़ोन: +91 11 23273167 फ़ैक्स: +91 11 23275710

www.vaniprakashan.in
vaniprakashan@gmail.com

KHUDARAM AUR CHAND HASINON KE KHUTOOT
by Pandey Bechan Sharma 'Ugra'

ISBN : 978-81-7055-110-2

Short Stories

संस्करण 1993
आवृत्ति 2012
मूल्य : ₹95

मेहरा ऑफ़सेट, नयी दिल्ली-110002 में मुद्रित

वाणी प्रकाशन का लोगो मक़बूल फ़िदा हुसेन की कूची से

प्रकाशकीय

अगर बनारसीदास चतुर्वेदी ने साहित्यिक-युद्ध की नीति को बालाएताक़ रख, मेरी मशहूर पुस्तक 'चॉकलेट' पर महात्मा गांधी की राय 25 बरसों तक छिपा न रखी होती, तो मेरी एक भी पुस्तक किसी दूसरे प्रकाशक के हाथ न लगी होती। मेरा दावा यह कि हिन्दी में मेरा 'केस' विशेष है। मैं सरकार से पैसा नहीं पाता, न चाहता हूँ; मैं रेडियो पर आज तक कभी बोला नहीं, न चाहता हूँ; दान न तो मैं वैश्य से चाहता हूँ और न वेश्या से; जोड़-बाकी से अपरिचित होने से—इतनी शोहरत होने पर भी—रायल्टी से मेरी आमदनी नहीं के बराबर है। रायल्टी केवल शोहरत से नहीं मिलती, न गुण से;—ख़ुशामद और पैरवी भी ज़रूरी हैं। ये पंक्तियाँ लिखते समय मेरी अवस्था 54 साल 4 महीने और 4 दिन है। मैं तो ढीठ या निर्लज्ज था क्रूर या 'उग्र' होने से अभी तगड़ा हूँ; नहीं तो, मेरी अवस्था वाले अनेक मित्र न जाने कभी निज-निज कर्मानुसार नरक या स्वर्ग की राह लग गए! लेकिन मैं आप ही से पूछूँ कि इस अर्थ-युग में, ऐसी आर्थिक-दुर्वस्था में मेरे-जैसा कटु-कषाय 'उग्र' यदि कुछ दिनों के लिए—ख़ुदा न करे!—बीमार पड़ जाय या क़लम घिसकर चना-चबेना जुटाने में असमर्थ हो जाय, तो क्या होगा? मेरे स्त्री नहीं, पुत्र नहीं, गुरुडम विरोधी होने से शिष्य नहीं, मित्र नहीं, रायल्टी नहीं, घर नहीं, ज़मीन नहीं। और सारी ज़िन्दगी मैं उग्र रहा—अकड़कर चलनेवाला पहाड़ी—मिर्ज़ापुरी।

अस्तु, अब सिवा इसके कि मैं अपनी सारी पुस्तकें स्वयं छाप लूं और बिक्री का प्रबन्ध करूँ मेरे लिए दूसरा कोई चारा नहीं। कापीराइट क़ानून में जल्द ही लेखकों के पक्ष में सुधार-संशोधन भी होने के लक्षण स्पष्ट हैं; पर, तब तक प्रतीक्षा करने जितनी पूंजी मेरे पास नहीं। सत्यतः सारी ज़िन्दगी की कमाई आज से 30 बरस पहले ही कर लेने के बावजूद अन्तिम काल में लाल पैसे भी मुहाल देख मुझे अपनी रचनाओं के छापने का सहज निश्चय करना पड़ा। क्योंकि, समाजवादी व्यवस्था के सूर्योदय में जैसे खेत उसका जो जोते, घर उसका जो रहे, कारख़ाने उनके जो परिश्रम करें, वैसे ही, पुस्तकें भी उसी की जो उनका लेखक है। समय आने पर, इस मसले पर, मैं समाज संरक्षकों और सरकार की राय या व्यवस्था सहर्ष जानना चाहूँगा।

'चन्द हसीनों के खुतूत' सन् 1927 ई० में कलकत्ते के 'मतवाला' में जैसा कुछ प्रकाशित हुआ था अथवा उसके प्रारम्भिक संस्करणों का जो पाठ था, वह पाठ दूसरे प्रकाशक के यहाँ से छपने पर न रह सका। तपते हुए अंग्रेज़ों के भय से उनके शासन के विरुद्ध किए गये अनेक उग्र-इशारे नहीं छापे गये। अब पुस्तक के इस 8वें संस्करण में दो-चार शब्द मैंने स्वयं बदल दिए या हल्के कर दिए हैं, जिनका सम्बन्ध हमारे मुस्लिम भाइयों से था। याद रहे, यह उपन्यास सन् 1927 में लिखा गया था, याने पाकिस्तान के जन्म से बीसों बरस पहले। तब और आज की उपस्थित समस्याओं में ज़मीन आसमान का अन्तर हो सकता है।

'चन्द हसीनों के खुतूत' विश्व के उपन्यास-साहित्य में हर्गिज़ नाम लेने क़ाबिल नहीं, मगर, हिन्दी में इसने मुझे बहुत यश दिया। आदमी बिल्कुल घोंघावसन्त न हो तो, निश्चय ही यश या पब्लिसिटी पैसे बनकर रहती है। 'चन्द हसीनों के ख़ुतूत' से जो मुझे शोहरत मिली उससे मैं मालामाल हो गया और अब, भले ही मेरी जेब में एक टका न हो,

पर धन मेरे चारों ओर गुजराती गरबा नाचता रहता है। फिर भी, हिन्दू-मुस्लिम सम्बन्ध-सुधार पर आज मुझे लिखना हो, तो कुछ भी न क्यों लिखूं पर 'चन्द हसीनों के ख़ुतूत' तो हर्गिज़ नहीं लिखूंगा। मेरी बुद्धि बदल गई; सो बात नहीं—काल बदल गया, वक्त बदल गया।

पुस्तकों का कम दाम रखने की ज़रूरत महसूस करते हुए भी मैं बाज़ार-भाव के अनुसार दाम रखने के लिए लज्जित-लाचार हूँ। बेचने का अपना साधन न हो तो, सस्ती पुस्तकें छापनेवाला—अधिक कमीशन देने में असमर्थ—मर ही जाएंगा। एक बात और भी विचित्र है। पुस्तक मौलिक हो या अनुवाद, लेखक कालिदास हों या कवि कल्लू—टके सेर भाजी टके सेर खाजा—सभी की पुस्तकों का मूल्य चार आने फ़र्मे की दर से निर्धारित ! जिस समय 'उग्र' ने प्रकाशक बनने का दृढ़ निश्चय किया उस समय हिन्दी प्रकाशन जगत में स्वराज्य के बाद की अराजकता बहुरंग विराज रही थी।

इस संग्रह की कहानी 'ख़ुदाराम' आज से 31 बरस पहले प्रकाशित हुई थी और लघु उपन्यास 'चन्द हसीनों के ख़ुतूत' ने 28 बरस पहले हिंदी साहित्य में कोलाहल पैदा किया था। 'ख़ुदाराम' और 'चन्द हसीनों के ख़ुतूत' के साथ ही उग्र-प्रकाशन की तीसरी पुस्तक 'कढ़ी में कोयला' भी प्रकाशित हुई है। इस उपन्यास में कलकत्ते के भयंकर रहस्यों भरे जीवन पर सरस, मगर तीव्र, प्रकाश डाला गया है। 'कढ़ी में कोयला' 'उग्र' लिखित ताज़ातम उपन्यास है।

जय माता की ! —पाण्डेय बेचन शर्मा 'उग्र'

'उग्र' प्रकाशन

सदर बाजार, दिल्ली

1-6-55

इस पुस्तक को स्वयं प्रकाशित करते समय ये पंक्तियां उग्रजी ने लिखी थीं। —ये हम यहां यथावत प्रकाशित कर रहे हैं।

खुदाराम

हमारे क़स्बे के इनायत अली कल तक नौमुसलिम थे। उनका परिवार केवल सात वर्षों से ख़ुदा के आगे घुटने टेक रहा था। इसके पहले उनके सिर पर भी चोटी थी, माथे पर तिलक था और घर में ठाकुरजी थे। हमारे समाज ने उनके निरपराध परिवार को ज़बरदस्ती मन्दिर से ढकेलकर मस्जिद में भेज दिया था।

बात यों थी। इनायत अली के बाप उल्फ़त अली जब हिन्दू थे, देवनन्दन प्रसाद थे, तब उनसे अनजाने में एक अपराध बन पड़ा था। एक दिन एक दुखिया ग़रीब युवती ने उनके घर आकर आश्रय माँगा। पता-ठिकाना पूछने पर उसने एक गाँव का नाम ले लिया। कहा—

'मैं बिलकुल अनाथ हूँ। मेरे मालिक को गुज़रे छः महीने से ऊपर हो गये। जब तक वह थे, मुझे कोई फ़िक्र न थी। ज़मींदार की नौकरी से चार पैसे पैदा करके, वही हमारी दुनिया चलाते थे। उनके वक्त ग़रीब होने पर भी मैं किसी की चाकरी नहीं करती थी। अब उनके बाद, उसी गाँव में, पेट के लिए परदा छोड़ते मुझे शर्म मालूम होने लगी। इसीलिए उस गाँव को छोड़ इस शहर में नौकरी तलाश रही हूँ। मुझे और कुछ नहीं, चार रोटियाँ और चार गज़ कपड़े की ज़रूरत है। आपको भगवान ने चार पैसे दिए हैं। मेरी हालत पर रहम कीजिये। मुझे अपने घर के एक कोने में रहने और बाक़ी ज़िन्दगी ईश्वर का नाम लेने में बिताने दीजिए। आपका भला होगा।"

जात पूछने पर उसने अपने को अहीरन बताया। देवनन्दन प्रसादजी सरल हृदय के थे। स्त्री की हालत पर दया आ गई। उनकी स्त्री ने भी अहीरन की मदद ही की। कहा—

"रख लो न। चौका बर्तन किया करेगी, पानी भरेगी, दो रोटी खायगी और पड़ी रहेगी।"

अहीरन रख ली गई। दो महीनों तक वह घर का काम-काज सँभालती रही। इसके बाद एक दिन एकाएक वज्रपात हुआ। न जाने कहाँ से ढूंढ़ता-ढूंढ़ता एक आदमी देवनन्दनजी के यहाँ आया। पूछने लगा—

"बाबूजी, आपने कोई नई मज़दूरन रखी है ?"

"क्यों भाई ? तुम्हारे इस सवाल का क्या मतलब है ?"

"बाबूजी, दो महीनों से मेरी औरत लापता है। मैं उसी की तलाश में चारों ओर की खाक छान रहा हूँ। ज़रा-सी बात पर लड़कर भाग खड़ी हुई। औरत की जात, अपने हठ के आगे मर्द की इज़्ज़त को कुछ समझती ही नहीं।"

इसी समय हाथ में घड़ा और रस्सी लिये वह अहीरन घर से बाहर निकली। उसे देखते ही वह पुरुष झपटकर उसके पास पहुँचा।

"अरे, फ़िरोज़ी ! यह क्या ? किसके लिए पानी भरने जा रही है।"

"इधर आओ जी !" ज़रा कड़े होकर देवनन्दनजी ने कहा—"यह कैसा पागलपन है ? तुम किसे फ़िरोज़ी कह रहे हो ? वह हमारी मज़दूरिन है। हमारे लिए पानी लेने जा रही है। उसका नाम फ़िरोज़ी नहीं रुकमिनियाँ है। किसी ग़ैर औरत का इस तरह अपमान करते तुम्हें शर्म नहीं आती ?"

जोश में देवनन्दनजी इतना कह तो गए, मगर, रुकमिनियाँ के चेहरे पर नज़र पड़ते ही उनके चेहरे पर हवाइयाँ उड़ने लगीं। उस पुरुष को देखते ही अहीरन रुकमिनियाँ का मुँह काला पड़ गया। वह काठमारी-सी जहाँ-की-तहाँ खड़ी रह गई।

रुकमिनियाँ को फ़िरोज़ी कहने वाले ने देवनन्दन की ओर देखकर कहा—

"बाबूजी, आपने धोका खाया। यह हिन्दू नहीं, मुसलमान है। रुकमिनियाँ नहीं, मेरी भागी हुई बीबी फ़िरोज़ी है।"

देवनन्दन के काटो तो खून नहीं !

2

शाम को, घर के सरदारों के घूमने-फिरने, मिलने-जुलने के लिए निकल जाने के बाद मुहल्ले की बूढ़ी औरतें और जवान लड़कियाँ अपने-अपने दरवाज़ों पर बैठकर ज़ोर-ज़ोर से देवनन्दन और फ़िरोज़ी की चर्चा करने लगीं।

"बाबा रे बाबा !" एक बूढ़ी ने राग अलापा—"औरत का ऐसा दीदा ! मर्द को छोड़कर दूसरे देश और दूसरे के घर पर चली आई !"

"मू-झौंसी थी तो तुर्किन, बन गई अहीरिन। मुसलमान औरतों में लाज नहीं होती, माँ। वह तो इस तरह अपने मालिक को छोड़कर दूसरों के यहाँ चली आई; मुझे तो घर के भी बाहर जाने में डर मालूम होता है। निगोड़ी औरत क्या थी, पतुरिया थी।" एक विवाहित लड़की ने कहा।

सामने के दरवाज़े पर से दूसरी अधेड़ औरत ने कहा—

"अब देखो रघुनन्दन के बाप का क्या होता है। दो महीनों तक तुर्किन के हाथ का पानी पीकर और उससे चौका-बर्तन कराकर उन्होंने अपना धरम खो दिया है। हमारे···तो कह रहे थे कि अब उनके घर से कोई नाता न रखा जायगा।"

"नाता कैसे रखा जा सकता है ?" पहली बूढ़ी ने कहा, "धरम तो कच्चा सूत होता है। ज़रा-सा इधर-उधर होते ही टूट जाता है। फिर हमारा हिन्दू का धरम। राम, राम ! जिसको छूना मना है, सुबह जिसका

मुंह देखना पाप है, उसके हाथ से देवनन्दन ने जल ग्रहण किया। डूब गया—देवनन्दन का खानदान डूब गया। अब उनसे पान-पानी का नाता रख कौन अपना लोक-परलोक बिगाड़ेगा ?"

विवाहिता लड़की बोली—

"यह बात शहर भर में फैल गई होगी। दो-चार आदमी जानते होते तो छिपाते भी। सुबह उस तुर्किन का आदमी चोटी पकड़कर धों-धों पीटता हुआ उसे ले जा रहा था। सबने देखा, सब जान गए।"

बस। दूसरे दिन मुहल्ले के मुखिया ने देवनन्दन को बुलाकर कहा—

"देखो भाई, अब तुम अपने लिए किसी दूसरे कुएँ से पानी मँगाया करो।"

"क्यों ?"

"तुम अब हिन्दू नहीं, मुसलमान हो। दो महीने तक मुसलमानिन से पानी भराने और चौका-बर्तन कराने के बाद भी तुम्हारा हिन्दू रहना असम्भव है।"

"मैंने कुछ जान-बूझकर तो मुसलमानिन के हाथ का पानी पिया नहीं। उसने मुझे धोका दिया। इसमें मेरा क्या अपराध हो सकता है ?"

"भैया मेरे, हम हिन्दू हैं। कोई जान-बूझकर गो-हत्या करने के लिए गाय के गले में रस्सी नहीं बाँधता। फिर भी, बँधी हुई गाय के मरने पर बाँधने वाले को हत्या लगती है। प्रायश्चित करना पड़ता है।"

"यह ठीक है। उसके जाने के बाद ही मैंने तमाम मकान साफ़ कराया—लिपाया-पुताया है। मिट्टी के बर्तन बदलवा दिए हैं। धातु के बर्तनों को आग से शुद्ध कर लिया है। इस पर भी और जो कुछ प्रायश्चित्त कराना हो करा लो। मैं कहीं भागा तो जा नहीं रहा हूँ।"

प्रायश्चित की चर्चा चलने पर व्यवस्था के लिए पुरोहित और पंडितों की पुकार हुई। बस, ब्राह्मणों ने चारों वेद, छःहो शास्त्र, छत्तीसो स्मृति

और अठ्ठारहो पुराण का मत लेकर यह व्यवस्था दी कि "अब, देव-नन्दन पूरे म्लेच्छ हो गए। यह किसी तरह भी हिन्दू नहीं हो सकते।"

उधर देवनन्दन की दुर्दशा का हाल सुनकर मुसलमानों ने बड़ी प्रसन्नता से अपनी छाती खोल दी। क़स्बे के सभी प्रतिष्ठित और अ-प्रतिष्ठित मुसलमानों ने देवनन्दन को अपनी ओर बड़े प्रेम, बड़े आदर से खींचा।

"चले आओ! हम जात-पात नहीं, केवल हक़ को मानते हैं। इस्लाम में मुहब्बत भरी हुई है। ख़ुदा ग़रीबपरवर है। हिन्दुओं की ठोकर खाने से अच्छा है कि हमारी पलकों पर बैठो—मुसलमान हो जाओ!"

लाचार, समाज से अपमानित, परित्यक्त, पतित देवनन्दन सपरिवार अल्लामियाँ की शरण में चले गये। वह और करते ही क्या? मनुष्य स्वभाव से ही समाज चाहता है, सहानुभूति चाहता है, प्रेम चाहता है। हिन्दू समाज ने इन सब दरवाजों को देवनन्दन के लिए बन्द कर दिया। इतना हो जाने पर उनके लिए मुसलमान होने के सिवा दूसरा कोई पथ ही नहीं था। देवनन्दन, उल्फ़त अली बन गये और उनका पुत्र रघुनन्दन इनायत अली।

देवनन्दन की छाती पर समाज ने ऐसा क्रूर धक्का मारा कि धर्म-परिवर्तन के नौ महीने बाद ही वे इस दुनिया से कूच कर गये!

3

जिन दिनों की घटना ऊपर लिखी गई है उन्हें भूत के गर्भ में गये सात वर्ष हो गये। तब से हमारे क़स्बे की हालत अब बहुत कुछ बदल-सी गई है। पहले हमारे यहाँ सामाजिक या राजनीतिक जीवन बिल्कुल नहीं था। सभी पेट के धन्धे की धुन में व्यस्त थे। उन दिनों हमारी दस हजार की

बस्ती में, क्लब या सोसायटी के नाते तहसील का अहाता मात्र था, जहाँ नित्य सायंकाल नगर के दस-पाँच चापलूस धनी तहसीलदार से हें-हें करने के लिए या टेनिस खेलने के लिए एकत्र हुआ करते थे। आर्यसमाज का बदनाम नाम तो घर-घर था, मगर, सच्चा आर्यसमाजी एक भी न था। एक सज्जन आगरे के 'आर्यमित्र' के ग्राहक थे। वही स्वामी दयानन्द का नाम ले-लेकर कभी-कभी नवयुवकों के विनोद के साधन बना करते थे। वह बनते तो थे आर्यसमाजी मगर बिल्कुल मौखिक। हमें ठीक याद है, वह पुराने समाज की सभी प्रथा या कुप्रथाओं को मानते थे। एक बार उनकी स्त्री ने उनसे सत्यनारायण की कथा सुनने का आग्रह किया और उन्होंने अस्वीकार कर दिया। बस, इसी बात पर आर्यसमाजी पति के मुख पर सनातनी चंडी झाड़ू फेरने, कालिख लगाने और चूना करने को तैयार हो गई ! तीन दिनों तक मुहल्ले वालों को नींद हराम हो गई। विवश होकर 'महाशयजी' को स्त्री के आगे झुकना पड़ा।

मगर, अब क़स्बे का वातावरण बिल्कुल परिवर्तित हो गया है। गत असहयोग आन्दोलन के प्रसाद से हमारा क़स्बा भी बहुत कुछ जीवित हो उठा है। अब हमारे यहाँ बाक़ायदा आर्यसमाज भवन है, और हैं उसके मन्त्री, सभापति। एक पुस्तकालय भी है और उसके भी मन्त्री सभापति हैं। हिन्दी के अनेक पत्र और अंग्रेजी के दो-तीन दैनिक आते हैं। सैंकड़ों बालक, युवक और वृद्ध अख़बार-जीवी बन गये हैं। ऐसे अख़बार-जीवियों की संख्या प्रतिदिन बढ़ती ही जा रही है।

उस दिन आर्यसमाज के मन्त्री पण्डित वासुदेव शर्मा समाज भवन में बैठे कोई उर्दू अख़बार पढ़ रहे थे। भवन के बाहर— बरामदे में दो पंजाबी 'महाशय' पायजामा और कमीज़ पहने सायं-सन्ध्या कर रहे थे। उसी समय एक, दुबला-पतला लम्बा-सा पुरुष भवन में आया। उसकी आहट पा शर्माजी ने चश्माच्छ आँखों से उसकी ओर देखा। पहचान गये—

"कहो मियाँ इनायत अली, आज इधर कैसे ?"

"आपही की सेवा में कुछ निवेदन करने आया हूँ।"

शर्माजी ने चश्मा उतार लिया। उसे कुरते के कोने से साफ़ करने के बाद पुनः नाक पर चढ़ाते-चढ़ाते बोले—

"भाई इनायत, बड़ी शुद्ध हिन्दी बोलते हो ?"

"जी हाँ शर्माजी, मैं बहुत शुद्ध हिन्दी बोल सकता हूँ। इसका कारण यही है कि मेरी नसों में बहुत शुद्ध हिंदू रक्त बह रहा है। समाज ने ज़बरदस्ती मेरे पिता को मुसलमान होने के लिए विवश किया, नहीं तो, आज मैं भी उतना ही हिन्दू होता जितने आप या कोई भी दूसरा हिन्दुत्व का अभिमानी। ख़ैर मुझे आपसे कुछ कहना है…!"

"कहिए, क्या आज्ञा है ?"

"मैं पुनः हिन्दू होना चाहता हूँ।"

"हिन्दू होना ??" आश्चर्य से मुख विस्फारित कर शर्माजी ने पूछा।

"जी हाँ। अब मुसलमान रहने में लोक-परलोक दोनों का नाश दिखाई पड़ता है। इसलिए नहीं कि उस धर्म में कोई विशेषता नहीं है, बल्कि इसलिए कि मेरा और मेरे परिवार का हृदय मुसलमान धर्म के योग्य नहीं। अनन्त काल का हिन्दू हृदय—हिन्दू सभ्यता का पक्षपाती शान्त हृदय—मुसलमानी रीति-नीति और सभ्यता का उपयोग करने में बिलकुल अयोग्य साबित हुआ है। मेरी स्त्री नित्य प्रातःकाल ख़ुदा-ख़ुदा नहीं, राम-राम जपती है। मैं मुसलमान रहकर क्या करूँगा ? मेरी माता गंगा स्नान और बदरिकाश्रम यात्रा के लिए तड़पा करती हैं। मेरा हृदय न तो उन्हें मक्का-मदीना का भक्त बनाने की धृष्टता कर सकता है और न वह बन ही सकती हैं। मैं मुसलमान रहकर क्या करूँगा ? मैं स्वयं मसजिद में जाकर हृदय के मालिक को नहीं याद कर सकता।

मेरा हिन्दू हृदय मसजिद के द्वार पर पहुँचते ही एक विचित्र स्पन्दन करने लगता है। उस स्पन्दन का अर्थ ख़ुदा या मसजिद वाले के प्रति अनुराग नहीं हो सकता, घृणा भी नहीं हो सकती। वह स्पन्दन अनुराग और घृणा के मध्य का निवासी है। इन्हीं सब कारणों से, बहुत सोच समझकर अब मैंने 'शुद्ध' होकर हिन्दू होने का निश्चय किया है।"

पंजाबी महाशय भी सन्ध्या समाप्त कर ओ३म् ओ३म् करते हुए भीतर आ गए। शर्माजी ने इनायत अली उर्फ रघुनन्दन का परिचय देते हुए उनके प्रस्ताव पर उन दोनों महाशयों की सम्मति माँगी।

"धन्य हो महाशय जी !" एक महाशय बोले—"ऋषि दयानन्द की किरपा होगी तो हमारे वे सब बिछड़े भाई एक-न-एक दिन फिर अपने कार्य धरम में चले आएँगे। इन्हें जरूर शुद्ध किजिए।"

4

हिन्दू-मुस्लिम वैमनस्य का बाज़ार गर्म होने के एक महीना पूर्व एक विचित्र पुरुष हमारे क़स्बे में आए। उनकी अवस्था पचास वर्षों से अधिक जान पड़ती थी। वह वस्त्र के नाम पर केवल लँगोटी धारण किया करते। वही उनकी सारी गृहस्थी और सम्पत्ति थी। उनका मुख तो रोबीला नहीं था, पर, उस पर विचित्र आकर्षण दिखाई देता था। दाढ़ी फुटभर लम्बी थी। सर के बाल भी बड़े-बड़े थे।

उनमें एक ऐसा चमत्कार था जिससे क़स्बे के छोटे-छोटे लड़के उन पर जान दिया करते थे। हाँ, उनका नाम बताना तो भूल ही गया। वह अपने को 'ख़ुदाराम' कहा कहते थे। खुदाराम गली में आए हैं, यह सुनते ही लड़कों की मण्डली जान छोड़कर उनकी ओर झपट पडती—"खुदाराम पैसे दो ! खुदाराम पैसे दो !" की आवाज़ से गली गूँज

उठती थी। पहले तो खुदाराम दो-चार बार लड़कों को मुँह बिगाड़-बिगाड़कर डराने की कोशिश करते; फिर, दो-तीन बच्चों को पीठ पर चढ़ाकर, बग़ल में दबाकर या कंधे पर उठाकर भाग खड़े होते। "भागा! भागा! हो हो हो हो! लेना जी!" आदि कहते हुए अन्य लड़के खुदाराम को रगेद लेते। अन्त में लाचार हो वह खड़े हो जाते, बच्चों को पीठ या कंधे के नीचे उतार देते और पूछने लगते—

"बन्दरो! क्या चाहिए?"

"पैसे खुदाराम, पैसे!"

खुदाराम बड़े जोर से हँसते-हँसते खाली मुट्ठी को बन्द कर इधर-उधर हाथ चलाने लगते। चारों ओर झन्न-झन्न की आवाज़ गूंज उठती। लड़के प्रसन्न होकर पैसे लूटने लगते—और खुदाराम नौ-दो-ग्यारह हो जाते!

खुदाराम को सबसे अधिक इन लड़कों ने मशहूर किया।

इसके बाद एक घटना और हुई जिससे उनकी शोहरत चौगुनी बढ़ गयी। किसी ग़रीब चमार के पाँच वर्ष के पुत्र को हैजा हो गया था। उसके पास वैद्य, हकीम या डाक्टर बाबू के लिए पैसे नहीं थे। कई जगह जाने पर भी किसी ने उस अभागे की सुध न ली। बेचारा लड़का उपचार के अभाव से मरने लगा।

उसी समय उधर से खुदाराम लड़कों की मण्डली के साथ गुजरे। चमार की स्त्री को दरवाजे पर बैठकर रोते देख वह उसके सामने जाकर खड़े हो गए। पूछने लगे—

"क्यों रो रही है?"

स्त्री ने उत्तर तो कुछ न दिया, हाँ, स्वर को 'पंचम' से 'निषाद' कर दिया।

"क्यों रोती है रे? बोलती क्यों नहीं, तुझे भी पैसे चाहिए?"

"पैसे नहीं" स्त्री ने इस बार हिचकते-हिचकते उत्तर दिया "दवा चाहिए। मेरा लाल हैजे से मर रहा है।"

"तेरे बच्चे को हैजा हो गया है ? पगली कहीं की। इतना खाना क्यों खिला दिया ? मुझे तो कभी कुछ खिलाता नहीं। कुछ खिला तो तेरा बच्चा अभी चंगा हो जाय।"

"बाबा, मेरे घर में तुम्हारे खाने लायक है ही क्या ? कहो तो चने खिलाऊँ।"

"ला, ला ! जो कुछ भी हो दौड़कर ले आ ! तेरा बच्चा अभी अच्छा हो जायगा।"

स्त्री अपने मकान में गई और एक छोटी-सी पोटली में पाव-डेढ़-पाव भुने हुए चने ले आई। खुदाराम ने पोटली लेकर बालक मण्डली को चने दान करना आरम्भ किया। देखते-देखते पोटली साफ़ हो गई। केवल चार-पाँच चने बच रहे। उन्हें स्त्री के हाथ में देते हुए उन्होने कहा—

"इन चनों को पीसकर बच्चे को पिला दे। यह उसका हिस्सा है। ले जा !"

दूसरे दिन उसी चमारिन ने क़स्बे भर में यह बात मशहूर कर दी कि खुदाराम पागल नहीं, होशियार हैं। मामूली आदमी नहीं, फ़क़ीर हैं, देवता हैं।

फिर तो हिन्दू मुसलमान दोनों जाति के लोगों ने—विशेषत: स्त्रियों ने खुदाराम को न जाने क्या-क्या बना डाला। कितनों के बच्चे उनकी ऊटपटांग औषधियों से अच्छे हो गए। कितनों को खुदाराम की कृपा से नौकरी मिल गई। कितने मुक़दमे जीत गए। क़स्बा-का-क़स्बा उन्हें पूजने लगा।

मगर, खुदाराम ज्यों-के-त्यों रहे। उनका दिन-रात का चारों ओर

लड़कों की मंडली के साथ घूमना न रुका। अच्छे-से-अच्छे धनी भी उन्हें कपड़े न पहना सके। किसी के आग्रह करने पर वह कपड़े—धोती, कुर्ता, टोपी—पहन तो लेते मगर, उसके घर से आगे बढ़ते ही टोपी किसी लड़के के मस्तक पर होती, धोती किसी ग़रीब के झोंपड़े पर और कुर्ता किसी भिखमंगे के तन पर ! किसी-किसी दिन तो दो-दो बजे रात को किसी गली में खुदाराम की कण्ठ-ध्वनि सुनाई पड़ती है—

तू है मेरा खुदा, मैं हूँ तेरा खुदा,
तू खुदा मैं खुदा, फिर जुदाई कहाँ।

5

सात आदमी आपस में बातें करते हुए समाज-भवन की ओर जा रहे थे। उनमें एक तो समाज के मन्त्री महाशय थे, दो हमारे परिचित पंजाबी और चार बाहर से आए हुए दूसरे आर्यसमाजी थे। बातें इस प्रकार हो रही थीं—

"मुसलमान लोग भरसक इनायत अली को हिन्दू न होने देंगे।"

"क्यों न होने देंगे ? अजी अब वह ज़माना लद गया। यहाँ के सभी हिन्दू हमारे साथ हैं।"

"लड़ाई हो जाने का भय है।"

"अगर इस बात को लेकर कोई लड़े तो लड़े। बेवकूफ़ी का भार लड़ाई छेड़ने वाले पर होगा।"

"अच्छा, हम लोग इनायत के परिवार को केवल शुद्ध करें—वेद भगवान की सवारी निकालने से लाभ ?"

कई एक साथ बोल उठे—"वाह ! वेद भगवान की सवारी क्यों न निकाल ? हम अपने बिछुड़े भाई को पाएँगे। ऐसे मौके पर आनन्द-मंगल

मनाने से डरें क्यों ?

"सवारी पर" पहले महाशय ने कहा—"मुसलमानों ने आक्रमण क़रने का निश्चय कर लिया है। यह मैं सच्ची खबर सुना रहा हूँ।"

"देखो भाई, इस तरह दबने से काम न चलेगा। हम किसी की धार्मिक कृति में बाधा नहीं देते, तो कोई हमारे पथ में रोड़े क्यों डालेगा? फिर, अगर उन्होंने छेड़ा, तो देखा जाएगा ? भय के नाम पर धर्म कभी न छोड़ा जायगा।"

इसी समय बगल की एक गली से लँगोटी लगाए खुदाराम निकले। वह वही गुनगुना रहे थे—

तू है मेरा ख़ुदा, मैं हूँ तेरा ख़ुदा,
तू ख़ुदा, मैं ख़ुदा, फिर जुदाई कहाँ।

मन्त्री महाशय ने पुकारा—

"ख़ुदाराम !"

"चुप रहो !" ख़ुदाराम ने कहा—"मैं कोई युक्ति सोच रहा हूँ।"

"कैसी युक्ति सोच रहे हो, ख़ुदाराम ? ; नें भी तो बताओ !"

"सोच रहा हूँ, कि क्या उपाय करूँ, कि ख़ुदा-ख़ुदा में लड़ाई न हो। तुम लोग लड़ोगे ?"

"नहीं लड़ने का विचार नहीं है, पर, सवारी ज़रूर निकलेगी।"

"खाना नहीं खाऊँगा, पर, मुँह में कौर जरूर डालूँगा हा हा हा हा ! यही मतलब है न ?"

"लाचारी है, ख़ुदाराम।"

"तो धर्म के नाम पर खून की नदी बहेगी ? हा हा हा हा ! तुम लोग इन्सान क्यों हुए ? तुम्हें तो भालू होना चाहिए था शेर होना चाहिए था, भेड़िया होना चाहिए था। वैसी अवस्था में तुम्हारी रक्त-पिपासा मजे में शान्त होती। धर्म के नाम पर लड़ने वाले इन्सान क्यों होते हैं ?"

अपरिचित आगन्तुक आर्यों ने शर्माजी से पूछा—

"क्या यह पागल है ?"

"हाँ, हाँ, ख़ुदाराम ने कहा—"कुरान नहीं पढ़ा है, इसलिए पागल है, सत्यार्थ प्रकाश नहीं देखा है इसलिए पागल है, धर्म के नाम पर खूरेज़ी नहीं पसन्द करता इसलिए पागल है, खद्दर का कुरता नहीं पहनता इसलिए पागल है, लेक्चर नहीं दे सकता इसलिए ख़ुदाराम ज़रूर पागल है। हा हा हा हा ! ख़ुदाराम पागल है। मुसलमान कहते हैं—'तू पागल है; इस बीच में न पड़। हिन्दू भी यही कहते हैं। अच्छी बात है—लड़ो ! अगर होशियार का नाम लड़ना ही है तो—लड़ो !"

तू भी इन्सान है, मैं भी इन्सान हूँ,
गर सलामत हैं हम, तो ख़ुदाई कहाँ।
तू है मेरा ख़ुदा, मैं हूँ तेरा ख़ुदा,
तू ख़ुदा, मैं ख़ुदा, फिर जुदाई कहाँ।

ख़ुदाराम नाचता-कूदता हो-हो-हो करता अपने रास्ते लगा।

6

क़स्बे के हज़ारों हिन्दू मर्द समाज-मन्दिर की ओर वेद भगवान के जुलूस में शामिल होने के लिए चले गए। मुसलमान पुरुष भी, पुराने पीर की मसजिद में, जुलूस में बाधा डालने के लिए सशस्त्र एकत्र हो गए। हिन्दू और मुसलमान दोनों के घरों पर या तो बूढ़े बचे थे या बच्चे और स्त्रियाँ। घर-घर का दरवाज़ा भीतर से बन्द था।

एक मुसलमान के दरवाज़े पर किसी ने आवाज़ दी—

"माँ !"

"कौन है ?"

"ज़रा बाहर आओ, माँ ! मैं हूँ ख़ुदाराम।"

दरवाज़ा खोलकर बूढ़ी बाहर निकली।

"क्या है ख़ुदाराम ? खाना चाहिए ?"

"नहीं माँ, आज एक भीख माँगने आया हूँ—देगी न ?"

"क्या है फ़क़ीर ? तुम्हें क्या कमी है ? माँगो, तुमने मेरी बेटी की जान बचाई है। हम हमेशा तुम्हारे गुलाम रहेंगे। माँगो क्या लोगे ?"

"पहले क़सम खा—देगी न ?"

"क़सम पाक परवरदिगार की ! ख़ुदाराम, तुम्हारी चीज़ अगर मेरे इमकान में होगी तो ज़रूर दूंगी।"

"तो, चलो मेरे साथ ! हम लोग हिन्दू-मुसलमानों का झगड़ा रोकें। बच्चों को भी ले लो। मैं मुहल्ले भर की—क़स्बे भर की—औरतों और बच्चों की पलटन लेकर दोनों जातियों के पुरुषों पर आक्रमण करूंगा, उन्हें ख़ुदा या धर्म के नाम पर लड़ने से रोकूंगा।"

मुसलमान जननी अवाक्-सी खड़ी रह गई। ख़ुदाराम कहता क्या है ?

"चुप क्यों हो गई, माँ ? तूने मुझे भीख देने की क़सम खाई है। मैं तेरे हित की बात कहता हूँ। इस रक्त-पात में पुरुषों के नहीं, स्त्रियों के कलेजे का ख़ून बहाया जाता है। स्त्रियाँ विधवा होती हैं, माताएँ अपने बच्चे खोती हैं, बहिनें अपमानित होती हैं। पुरुषों की यह ज्यादती तुम्हीं लोगों के रोकने से रुकेगी। चलो ! उन पत्थरों के आगे रोओ और उन्हें लड़ने से रोको। उन्हें बताओ कि तुम्हारे शरीर तुम्हारी माताओं की धरोहर हैं। उनकी इच्छा के विरुद्ध उनका नाश करने वाले तुम कौन हो ? देर न करो, नहीं तो सब चौपट हो जायगा।

एक ओर उत्तेजित मुसलमान ख़ुदा के नाम पर ईंट और डण्ड चलाने पर उतारू थे, दूसरी ओर हिन्दू। वेद भगवान का जुलूस—शुद्ध

[इनायत अली] रघुनन्दन प्रसाद के परिवार के साथ और हज़ारों हिन्दुओं के साथ मसजिद के पास डटा था। युद्ध छिड़ने ही वाला था कि गंगा की कलकल धारा की तरह हज़ारों स्त्रियों की कण्ठ-ध्वनि मुसलमान दल के पीछे सुनाई पड़ी। पहले खुदाराम गाते और उनके बाद स्त्रियाँ उसी पद को दुहराती थीं—

तू है मेरा खुदा, मैं हूँ तेरा खुदा,
तू खुदा मैं खुदा, फिर जुदाई कहाँ।

छोटे-छोटे बच्चों के कण्ठ की उस कोमलता के आगे, माताओं के कण्ठ की करुण-धारा के आगे, उत्तेजित युवकों के हृदय की राक्षसता मुग्ध होकर, पुलकित होकर और नतमस्तक होकर खड़ी हो गई! मुसलमान दल ने स्त्रियों के इस जलूस के लिए चुपचाप रास्ता दे दिया, हिन्दू दल वाले आँखें फाड़-फाड़कर खुदाराम और उसकी स्वर्गीय सेना की ओर देखने लगे। उस सेना में हरेक हिन्दू और प्रत्येक मुसलमान के घर की माताएँ और बहनें, बेटे और बेटियाँ थीं।

"तुम लोग यहाँ क्यों आईं?" मुसलमानों ने भी पूछा।

"तुम लोग यहाँ क्यों आईं?" हिन्दुओं ने भी प्रतिध्वनि की तरह मुसलमानों के प्रश्न को दुहराया। एक मुसलमान बूढ़ी आगे बढ़ी—

"हम आई हैं तुम्हें मरने से बचाने के लिए। तुम हमारे बेटे हो—वे बेटे, जिन्हें हमने रात-रात भर जागकर, भूखों रहकर, दुआएँ माँगकर अपनी आँखों को खुश रखने के लिए, दिल को शान्त रखने के लिए इतना बड़ा किया है। तुम्हारे लिए हम खुदा की इबादत करती हैं—तुम्हीं हमारे ख़ुदा हो।

"यह क्या हो रहा है? धर्म के नाम पर खून बहाने की क्या ज़रूरत है? तुम्हें यह शरारत किस शैतान ने सिखाई है? बच्चो? तुम्हारी माँएँ तुम्हें खोकर अन्धी हो जाएँगी, उनकी ज़िन्दगी ख़राब हो जायगी।

बहिश्त पाने पर भी तुम्हें चैन न मिल सकेगा। लड़ो मत ! ख़ून से पाजी शैतान भले ही ख़ुश हो जाए, पर, ख़ुदा कभी नहीं ख़ुश हो सकता। ख़ुदा अगर ख़ून पसन्द करता, तो, हमारे वज़ू करने के लिए पानी न बनाकर ख़ून ही बनाता। गंगा ख़ूनी गंगा होती, समन्दर ख़ून का समन्दर होता। ख़ून के फेर में न पड़ो, मेरे कलेजो ! ख़ुदा ख़ून नहीं पसन्द करता।"

"वेद के पागलो ?" ख़ुदाराम ने हिन्दुओं को ललकारा—"चलो, ले जाओ अपना जुलूस ? माताएँ तुम्हें रास्ता देती हैं।"

मुसलमानों के हाथ के शस्त्र नीचे झुक गए। बाजा बजाने वाले बाजा बजाना भूल गए। माताओं ने रास्ता बनाया और वेद भगवान की सवारी—हज़ारों मन्त्र-मुग्ध हिन्दुओं के साथ निकल गई !

सावन के बादल की तरह मधुर-ध्वनि से ख़ुदाराम पुनः गरजे, माता वसुन्धरा की तरह माताओं के हृदय से पुनः प्रतिध्वनि हुई—

तूने मन्दिर बनाया, तू भगवान है,
मैंने मसजिद उठाई, मैं रहमान हूँ।
तू भी भगवान है, मैं भी भगवान हूँ,
तू ख़ुदा, मैं ख़ुदा, फिर जुदाई कहाँ।

इस पवित्र जुलूस के नेता थे ख़ुदाराम; उनके पीछे हिन्दू-मुसलमान बच्चे; बच्चों के पीछे दोनों जाति की माताएँ और सबके पीछे मुसलमान पुरुष—जुलूस के सशस्त्र रक्षकों की तरह चल रहे थे। प्रकृति पुलकित कलेवरा थी, तारिकाएँ खिलखिला रही थीं, चन्द्रमा हंस रहा था। वह दृश्य पृथ्वी का स्वर्ग था !

चन्द हसीनों के खुतूत

1

पता

मिसेज अली हुसेन

मार्फ़त—ख़ानबहादुर मुहम्मद हुसेन,

हज़रतगंज, लखनऊ

गर्ल्स-कालेज होस्टल,

कलकत्ता।

मेरी प्यारी बीबी; 28-11-25

हज़ार बार प्यार !

मैं जानती हूँ तुम 'बीबी' कहने से चिढ़ती हो। मुझसे 'भाभी' कहलाना चाहती हो। कितनी बार जब से मेरे ग़रीब भाई के गले पड़ी हो (माफ़ करना !) तुमने मेरे मुँह को दोनों हाथों में लेकर, 'बीबी' कहने के लिए मेरे गालों पर तमाचे मारे हैं। इसी से तो, मैंने अपनी आदत नहीं छोड़ी। बीबी के तमाचे बड़े मीठे होते हैं। मेरी बातों का एतबार न हो तो भैया से (अपने 'उनसे') पूछ देखो। एक बात और, अगर ख़त में 'बीबी' लिखने के कारण तुम्हारे हाथ मेरे गालों से मिलने के लिए वेहद बे-क़रार हों, तो उन्हें अपने 'उन्हीं' के गालों से मिला देना। गुस्से को पी मत जाना। नुकसान करता है (हा हा हा हा !)

तुम मन में मुझे कोसती होगी कि दो महीने तक मैंने तुम्हें एक भी ख़त—कसम खाने को भी—नहीं लिखा। इसका एक बहुत बड़ा—तुम्हारे चोटी से एड़ी तक लटकते हुए बालों से भी बड़ा—सबब है। सुनोगी ? तुम्हारे सुनने न सुनने की पर्वाह कौन करता है ? मैं तुम्हें अपना 'राज़े-दिल' जरूर सुनाऊँगी। तुमने भी 'अपने दिल की' सुनाने के वक्त मेरे सुनने न सुनने की पर्वाह नहीं की थी। याद है ?

बीबी, दिल की बातें तुम्हारे रू-ब-रू कहनी होतीं तो जी से चाहने पर भी मारे हया के मैं कुछ न कह पाती। ख़त लिख रही हूँ, इससे हिम्मत

बढ़ी हुई है। ज्यादा तूल न देकर मैं साफ-साफ कबूल किए लेती हूँ कि "आजकल बे-करार हम भी हैं।" मेरी बे-क़रारी उसी मुहब्बत की बे-करारी है जिसकी चर्चा तुम्हारे मुँह से सुनकर मैं मन-ही-मन सोचने लग जाती थी कि—"क्या कोई ज़माना हमारी ज़िन्दगी में ऐसा भी आता है, जिसमें हम किसी अपने ऐसे 'इन्सान' के लिए बे-करार हो उठते हैं ?" उस वक्त मुझे तुम्हारी बातें पहेली-सी (मगर दिलचस्प) मालूम होती थीं। आज मैं उसी दिलचस्प पहेली—मुहब्बत के फेर में पड़ी-सी मालूम पड़ती हूँ। आज मेरे दिल में—"एक आग-सी लगी है, क्या जानिये कि क्या है ?"

पिछले अक्तूबर माह की बात है। उस दिन हमारे होस्टल की देख-रेख करने वाली (सुप्रेंटेण्डेण्ट) मिसेज़ किड ने होस्टल की लड़कियों से कहा कि—"आज कलकत्ता कालेज के तालिबइल्मों और फ़ोर्ट विलियम के गोरों से फुटबाल "मैच" होगा। तुममें से जो देखना चाहे वह ठीक तीन बजे तैयार रहे।" उस दिन 12-15 दूसरी लड़कियों के साथ मैं भी "मैच" देखने के लिए गई। मैदान में हज़ारों तमाशबीन इकट्ठे थे। गोरे भी, गोरियाँ भी, काले भी (और, अगर तुम बुरा न मानों तो हमारी जैसी ("कालियाँ" भी)। ठीक वक्त पर खेल शुरू होने की सीटी 'रेफ़री' या खेल में फैसला देने वाले पञ्च ने दी। दोनों ओर के खिलाड़ी मैदान में उतरे। एक ओर मोटे-मोटे बूट और खेल की पोशाक पहने चट्टे, गोरे, सुफ़ैद या कोढ़ के रंग के 'सोलजर्स' और दूसरी ओर साँवले, मटमैले, बादामी और कोई-कोई नीम-गोरे कलकत्ता कालेज के 'स्टूटेण्ड' थे। कालेज के खेलाड़ी नंगे पाँव थे। ख़ैर।

खेल शुरू हुआ। दोनों ओर के खेलाड़ी जी-जान से अपने खिलाफ़ खेलने वालों को हराने की धुन में लग गए। तमाशाई कभी एक गेंद लेकर बढ़ते हुए, खेलाड़ी को बढ़ावा देने लगे कभी दूसरे को। मगर—

उफ़ ! क़सम ख़ुदा की, फौजी गोरे ग़ज़ब की फुर्ती से खेल रहे थे। देखते-देखते उन्होंने कालेज वालों पर तीन गोल किए ! आधा वक्त (हाफ़ टाइम) ख़त्म हो गया। चारों ओर लोग चर्चा करने लगे—

"वाह, वाह ! आख़िर अंग्रेज़ ही ठहरे। क्या आफत की तरह खेलते हैं !"

दो आदमी हमारी कुर्सियों के सामने से इस तरह बातें करते निकल गए—

"क्या कालेज वाले हार जायँगे ?"

"अभी से ही घबराने लगे ?" दूसरे ने कहा—अभी आधा वक्त बाकी है। कालेज की 'टीम' में कुछ लड़के ऐसे भी हैं, जो 'हाफ़ टाइम' के बाद जी लगाकर खेलते हैं। ख़ासकर मुरारी कृष्ण तो पिछले काँटे ग़ज़ब का खेलता है।"

उसी वक्त कालेज का एक खेलाड़ी उन दोनों को हमसे थोड़ी दूर पर रोककर बातें करने लगा।

"ये लड़कियाँ गर्लस् कालेज की हैं ?"

उनमें से एक ने उत्तर दिया—"मालूम तो ऐसा ही होता है। क्यों ? किसी पर 'आ ही गया, दिल ही तो है' का मज़मून हो रहा है क्या, भाई याकूब ?"

मैं मिसेज़ किडकी बग़ल में बैठी थी, मेरी ओर बुरी तरह से इशारा कर उस 'याकूब' के बच्चे ने कहा—

"ज़रा उस 'बुत' को देखो !"

तीनों ने दूर से—तिरछी नज़रों से—मेरी ओर देखा। मैंने अपनी आँखें फेर लीं। वे सब भी, और भी क्या जाने क्या-क्या बकते आगे बढ़ गए। खेल फिर से शुरू हुआ। इस बार खेल शुरू होने से पहले कालेज-टीम के केप्टन ने पुकारा—

"मिस्टर मुरारी कृष्ण…!"

'फारवर्ड' खेलने वाले एक गोरे, सुन्दर और लम्बे नवयुवक ने केप्टन की ओर देखकर कहा—

"बेग योर पार्डन…"

"बी केयर फुल", केप्टन ने उक्त नवयुवक को बढ़ावा देते हुए कहा—"ट्राइ योर अटमोस्ट, डोण्ट लूज़ !"

इस बार तमाशबीनों का मजमा दीवानों की तरह चिल्ला-चिल्ला कर मुरारी कृष्ण को बढ़ावा देने लगा। खेल शुरू होने के पाँच मिनट के भीतर मुरारी ने गोरों पर गोल किया। चारों ओर से तालियों की भर-मार हो गई। इसके बाद बीस मिनटों के भीतर, दूसरे खेलाड़ियों की मामूली मदद से मुरारी ने पाँच गोल किए। फिर, हजार नाक रगड़ कर भी गोरे कालिज वालों को न हरा सके। मैच 'ओवर' (ख़त्म) हो गया।

चारों ओर से लोग मुरारी पर टूट पड़े। अंग्रेज 'रेफ़री' ने—जो फौजी और खेल का बड़ा शौकीन मालूम पड़ता था—मुरारी को गोद में उठा लिया—"वेल डन, माई यंग प्लेयर !" अखबार के भूतों ने दनादन मुरारी की तस्वीरें लेनी शुरू कर दीं। कुर्सी से उठती हुई मिसेज़ किड ने हमसे कहा—'न हुआ, कलकत्ता लण्डन न हुआ। नहीं तो आज मुरारी की इज्जत देखने लायक होती।"

उस दिन मैंने देखा कि अपने प्रशंसकों के बीच में सीधा, खूबसूरत और खुश खड़ा हुआ मुरारी, एक बार नहीं हजार बार देखने की चीज है। कितना भोला चेहरा, कैसा हंस-मुख जवान, कैसा सुन्दर !

मिसेज़ किड (हमारी सुप्रेण्टेण्डेण्ट या वार्डेन) ने कहा—चलो देर हो रही है। उनके पीछे हम सबकी-सब अपनी मोटर की ओर चल पड़ीं। मैं सबके पीछे चल रही थी। थोड़ी दूर चलने पर, सड़क के किनारे

'लान' पर खड़ा वही 'याकूब' दिखाई पड़ा। मुझे देखकर वह (मुझे सुनाने के लिए) गाने लगा—

"हमने देखी है किसी शोख़ की मस्ती भरी आँख,
मिलती जुलती है छलकते हुए पैमाने से।"

शेर बुरा नहीं था। मगर कहने वाले का मुँह और उसके मुँह पर के भाव इतने बुरे थे कि अगर मेरा बस चलता तो मैं…।

मोटर अभी थोड़ी दूर पर थी। इतने में मेरी नज़र अपने जूते के फीते पर गई, जो खुल गया था। मैं रुक कर उसे बांधने के फेर में अपने गरोह के पीछे छूट गई। इससे कुछ फायदा ही हुआ। फ़ीता बांधकर चलने के पूर्व मैंने पीछे मुड़कर देखा, कालेज के बंगाली प्रिंसपल के साथ-साथ (शायद उन्हें मोटर तक पहुँचाने के लिए) कई लड़के आ रहे थे, जिनमें मुरारी भी था। याकूब भी उसी गरोह में शामिल होकर मेरी ओर बढ़ा आ रहा था।

इसमें कोई शक नहीं, याकूब को देखकर मैं नफ़रत से दो क़दम आगे बढ़ गई। मगर, इसमें भी कोई शक नहीं कि, मुरारी को याद कर मेरी चाल—आप ही आप—धीमी पड़ गई। मैं फिज़ूल ही, अपने दूसरे पैर के जूते का फ़ीता, खोलकर बाँधने लगी। सबके सब मेरे पास आ गए। बल्कि प्रिंसपल साहब तो चार-पाँच क़दम आगे भी बढ़ गए।

मुझे फ़ीता ठीक कर सर उठाते देख, याकूब ने मुस्करा कर दरियाफ्त किया—

"कुछ खो गया है ?"

किसी दूसरे लड़के ने—ख़ुदा उससे समझे !—किसी तीसरे लड़के से, धीरे से (मगर मेरे सुन लेने के लिए काफ़ी ज़ोर से) कहा—

"दिल खो गया है !"

मैंने सुनी-अनसुनी कर 'एटिकेट' के ख़याल से याकूब से कहा—'नथिंग, थैंक्यू' और फिर मुरारी की ओर देखकर (मन में कुछ झेंपते-झेंपते कहा—

"कांग्रेचुलेशन्स ! आप क़ाबिल तारीफ़ खेलाड़ी हैं।" मेरी बधाई और बात सुनकर सब लड़के ताज्जुब में आ गए। इसके बाद किसी ने कुछ कहा भी या नहीं, मुझे याद नहीं। मैं बड़ी तेज़ी से अपनी मोटर की ओर बढ़ी। रास्ते में मन पछताने लगा। बेशर्म कहीं की। औरत होकर इतनी बे-हयाई ? मर्दों से इस तरह बातें करना ! इतनी हिम्मत !!

मगर में क्या करूँ बीबी ! अब समझ में आ रहा है कि, इन्सान की एक हालत ऐसी भी होती है जिसमें वह अपने आपे में नहीं रह सकता। और; वह हालात, मैं समझती हूँ, मुहब्बत है। अब मेरी वह शोख़ी काफ़ूर हो गई जो तुम्हारे आगे इतरा कर कहती थी कि—"अरे हटो ! यह सब ख़यालीपुलाव है। दुनिया में मुहब्बत नाम की कोई चीज़ नहीं।" उस वक्त तुम मेरा मुँह चूम कर और एक ठंडी साँस खींचकर कहा करती थीं—मुझे एक-एक हर्फ़ याद है—"मुहब्बत क्या है इसका पता अभी नहीं चार बरस बाद लगेगा, मेरी जान। उस वक्त तुम देखोगी कि मुहब्बत ख़याली-पुलाव होने पर भी कैसी क़ीमती और खरीद लेने लायक चीज़ होती है।" बिलकुल ठीक कहा था। तस्लीम करती हूँ। मानती हूँ।

सुनती तो, इस वक्त तुम्हारी 'नर्गिस' को होश नहीं है। वह आँखें बन्द कर एक बुतपरस्त की परस्तिश करती है। क़ाफ़िर को पूजती है।

सुनती हो, जिसने कभी दिल से 'ख़ुदा' को नहीं याद किया वह 'मुरारी' को जपा करती है। जिसके पैर कभी 'ख़ुदा के घर' की ओर नहीं उठे उसके पैर मुरारी के घर की ओर चलने में इतने खुश होते हैं

गोया, बहिश्त की तरफ़ जा रहे हैं। सुनती हो—

किसी के काकुलो-रुख़ के निसार हम भी हैं,
शिकार गर्दिशे लैलो-निहार हम भी हैं।

बाक़ी बातें, कभी फिर।

तुम्हें मेरे सर की क़सम इन बातों को किसी से कहना मत। नहीं तो फिर; अपनी नर्गिस का मुंह न देख सकोगी।

तुम्हारी,
नर्गिस

2

पता

श्रीगोविन्दहरि शर्म्मा,

लाठी-महाल, कानपुर

Cawnpore.

कलकत्ता-कॉलेज-होस्टल

कलकत्ता

19-11-25

प्रियतम,

दो बरस बाद तुम्हें पत्र लिख रहा हूँ। दो बरस बाद 'प्रियतम' की याद आने से मेरे अँधेरे हृदय-मन्दिर में अनन्त प्रभा-पूर्ण स्मृतियाँ जागरित हो उठी हैं। हमारा 'सुन्दर व्यतीत'—ओ हो हो !!

तुम्हें पत्र लिख रहा हूँ न। आज तुम ज़रूर सपने में दर्शन दोगे। ज़रूर मिलना। वैसे ही जैसे अक्सर हम प्रयाग में मिला करते थे। वैसी ही सुन्दर सन्ध्या हो; वैसे ही मैं पढ़कर लौटूं; वैसे ही 'किसी से' मिलने की जल्दी में हाथ-मुंह धोकर तैयार रहूँ; वैसे ही प्रेम से उमड़ते तुम आओ, वैसे ही एक-दूसरे को देखकर मारे प्रसन्नता के, हम दोनों एक बार सब कुछ भूलकर खिल उठें, वैसे ही कहो—"मूली, जल्दी करो !" मैं मुँह फुलाकर बिगड़ूँ—"जाइए, जो 'मूली' हो उससे जल्दी करने के लिए कहिए।" वैसे ही—

तुम—मूली !

मैं—(एक साँस में) तुम मूली, तुम गाजर, तुम बैंगन, तुम लौआ !

तुम—अच्छा श्रीमान् बाबू मुरारीकृष्ण जी साहब, 'फोनोग्राफ़-ए-हिन्द,' दामे अकबाल हूँ। अब सन्तुष्ट ? ज़रा जल्दी कीजिए। शाम यहीं कर दोगे तो हम लोग खेलेंगे क्या !

वैसे ही—"शोर न करो जी", कहकर मैं तुम्हारे ऊपर तकिया फेंकूँ,

तुम मुझ पर अपना कोट, टोपी, कमीज़ (उतार-उतारकर) फेंको। वैसे ही, मैं कहूँ—'हैंडस् अप !" तुम कहो—हैंडस् अप !" मैं तुम्हारे (गोरे, भरे और ख़ूबसूरत) गाल पर चट्ट से एक चित्ताकर्षक चाँटा लगा दूं। वैसे ही तुम मुझसे लिपट पड़ो, मुझे वश में कर लो, जमीन पर चित्त कर दो, छाती पर सवार हो जाओ—"दुष्ट !" मैं नीचे से ठठाकर कहूँ—"दुष्ट का प्रियतम !" तुम कहो—"चल !" मैं कहूँ—"छोड़ भी !"

वैसा ही सपना आज दिखाओ, प्रियतम ! कैसे अच्छे थे वे दिन !!

मैंने तुम्हारे पास अन्तिम पत्र गया कांग्रेस के वक्त भेजा। उन दिनों तुम वहाँ, गया कांग्रेस की स्वागतकारिणी समिति के महामन्त्री के आग्रह से, स्वयंसेवकों का संघट नकर रहे थे। इसके बाद क्या हुआ (तुम कैसे थे, कहाँ थे ?) मुझे मालूम नहीं। पारसाल किसी ने कहा था कि तुम 'कानपूर-राष्ट्रीय-संघ' के मंत्री हो ! ईश्वर करे, प्रियतम, तुम कानपुर के सर्वश्रेष्ठ नेता हो जाओ ! मगर हम गरीबों को (कांग्रेस भी गरीबों की मदद ही करती है) भूलना मत ! तुम्हें याद है ? हम तुम्हारे "प्यारे" हैं। हम, "काहू देस में रहेंगे तौहू रावरे कहावेंगे।"

ज़रा जल्दी करता हूँ। बहुत बड़ी दास्तान तुम्हारे सामने पेश करनी है। आजकल कलकत्ते में बड़ी विपत्ति में पड़ा हूँ। तुम हमेशा के मेरे संकट-हारी हो। तुम्हारी जानकारी में मेरे पास विपत्ति आ ही नहीं सकती। तुम मेरे जीवन की ढाल हो। तुम्हारी आँखों के आगे मेरा हृदय हमेशा ही पारदर्शी रहा है। तुम क्या नहीं जानते ? मेरी मित्रता के पवित्र-गौरव, तुम क्या नहीं कर सकते ? अब तक—आवश्यकता पड़ने पर—संसार में और किसी से नहीं, केवल तुम्हीं से प्यारी सलाह लेता था। और तुम्हारी सलाहें देवता के आशीर्वाद की तरह मंगलकारिणी होती आई हैं। इस बार भी, तुम्हीं सलाह दो, तुम्हीं बचाओ ! प्रियतम, —'डगमग डोले मोरि नैया !"

छोटी-सी कहानी है। एक दिन गोरों से फुटबाल 'मैच' खेलकर लौट रहा था कि रास्ते में एक परम रूपवती बालिका से भेंट हुई। वह सोने की ढेर की तरह तेजोमयी और हीरे की माला की तरह 'चम-चम' थी। तुम्हारी-सी आँखें, तुम्हारा-सा सुन्दर मुख, तुम्हारी-सी मधुर मुस्कराहट, तुम्हारी तरह नाक, तुम्हारे से ओठ (उसे तुम देखो तो 'बहन ! बहन !' पुकार उठो !) तुम्हारे हृदय की क़सम ! तुम्हारी मुस्कराहट की शपथ !!

वह एकाएक बिजली की तरह मेरी आँखों के आगे कौंध गई। मैं—सच कहता हूँ—चकपका उठा। मेरे एक साथी ने पूछा—

"कहाँ की जान-पहचान है, हज़रत ?"

'छुपे रुस्तम निकले···।"

"अरे भाई इनके हुनर ही ऐसे हैं। खुदा ने मुझे वैसा 'प्लेयर' नहीं बयाया जैसा तुम्हें दोस्त ! नहीं तो ऐसी चीज़ ! 'य' न थी हमारी क़िस्मत···।"

मैंने दोस्तों से दरियाफ़्त किया तो मालूम हुआ कि वह 'श्रीमती' स्थानीय गर्ल्स-कालेज की एक 'स्टूडेण्डा' हैं। जो हो, मुझे उस बालिका के दर्शनों से बड़ा सुख मिला। एक ही दृष्टि में मुझे उसकी नज़रों में वह चीज़ दिखाई पड़ गई (सम्भव है मैं भूल करता होऊँ) जो, इस लोक में जल्द मिलने की नहीं (मगर यह बात मुझे दो महीने बाद मालूम हुई)। उस दिन बात वहीं रह गई।

गर्ल्स-कालेज के होस्टल की ओर से हम लोग दिन में दो बार आया-जाया करते थे। इससे पहले मैंने कभी होस्टल की इमारत की ओर आँखें उठाकर देखा भी नहीं था। मगर उक्त-घटना के बाद, उस ओर से आते-जाते, होस्टल के पास आँखें 'किसी' को ढूंढ़ने लगीं। निरुद्देश्य रूप से—मगर बड़े प्रेम से, दिल लगाकर। आख़िर, हफ्तों बाद, एक दिन आँखों

की अभिलाषा पूरी हुई। मैं बाइसिकिल पर चढ़ा (भीड़ हटाने के लिए अविराम-स्वर से घण्टी घनघनाता हुआ) गर्ल्स-कालेज होस्टल का फाटक 'क्रास' कर रहा था कि उनका दल दिखाई पड़ा। वे लोग भी कहीं जा रही थीं। टैक्सियाँ खड़ी थीं।

मुझे देखकर 'उनकी' आँखें हँस पड़ीं, ओठ मुस्करा पड़े !

'उन्हें' देखकर मेरी आँखें लोट-पोट हो गईं, और हृदय क्या जाने क्या हो गया।

"अच्छे हैं ???" उनके सुन्दर मुख, उनकी सरस आँखों ने पूछा।

"धन्यवाद !" मेरे रोम-रोम ने कहा—मैं क्षण-भर के लिए बाइ-सिकिल से नीचे उतर उनकी ओर बढ़ा।

"मुझे (उस दिन की) आपकी कृपा याद है···।"

"मैं, एडेन गार्डन जा रही हूँ।" भाव से भृकुटिविलास करती हुई उन्होंने कहा—"हम प्रायः रोज़ ही उधर जाती हैं।"

इससे अधिक कहने-सुनने की उस दिन न तो हममें हिम्मत थी और न समय। वे लोग टैक्सियों पर बैठीं और अपने रास्ते लगीं। मैं भी आसमान पर पाँव रखता हुआ, अपने रास्ते चला।

उस दिन 'एडेन-गार्डन' में चारों ओर भगवान् सुधाकर की किरणें ज्योत्सना से लिपटकर नाच रही थीं। बिजली की अनन्त छोटी-छोटी बत्तियों की माला उनके गले की मणि-माला की तरह मालूम पड़ती थी। मैं शुरू शाम से ही वहाँ गया था। वही, 'किसी' की तलाश में। मगर शाम क्या, दिया जल जाने पर भी 'कोई' दिखाई न पड़ा। मैं मुर्दा-दिल-सा होकर इधर-उधर टहलने और गुनगुनाने लगा—

ऐ काश मेरे दर पर एक बार 'व' आ जाता,
ठहराव-सा हो जाता यों दिल न जला जाता।

तब तक ही खैरियत है जब तक नहीं आता वह,
इस रस्ते निकलता तो हमसे न रहा जाता।

उसी समय 'ज़रा ज़ोर से···!' कहती हुई वह आईं।

"आज आप अकेली आई हैं ?"

"सभी हैं।"

"कहाँ ?"

"जहाँ जिसका 'जी' है।"

"तो आपका 'जी'···।" (संकोच के मारे मैं यह न कह सका कि आपका 'जी' यहीं है ? मगर, आँखों ने कह दिया। उनके हृदय ने सुन भी लिया)।

"आप लोग," मैंने पूछा—"सबसे मिल-जुल और बोल-चाल सकती हैं ?"

"जी नहीं," उन्होंने उत्तर दिया—"हम सबसे मिल बोल न सकें, इसीलिए तो मिसेज़ किड हमेशा हमारे पीछे पड़ी रहती हैं।"

"आज भी हैं ?"

"हाँ उधर ही कहीं अपने किसी गोरे साथी से बातें कर रही हैं। मैं तो आपको देखकर इधर चली आई। मैंने मिसेज़ किड को यूँ ही बहका दिया है कि आप मेरे जान पहचानी हैं। अच्छा अब, मैं जाती हूँ।"

"क्यों ?"

"हा हा हा !" उन्होंने कहा—"यह 'क्यों' की एक ही रही। मानों हम लोग पुराने—"

बात काटकर मैंने कहा—"हमलोग पुराने परिचित न होते तो आप, मिसेज़ क़िड से कहतीं कैसे ?"

मुस्कराकर उन्होंने आँखें नीची कर लीं। प्रायः दो मिनट तक हम

दोनों एक-दूसरे के सामने खड़े, एक-दूसरे को चुपचाप देखते रहे। बल्कि पढ़ते रहे। इसके बाद वह बोलीं—

"आपके नाम का एक रुक्का है।"

"आपके पास ?"

"जी हाँ, ग़लती से भेजने वाले ने मेरे ही पास भेज दिया। यह लीजिए।"

एक लिफाफा हाथ में देकर, मेरे रोकने पर भी वह न रुकीं, चली गईं। लिफ़ाफ़ा सुगन्ध से लदा मालूम पड़ता था। उसके ऊपर की लिखावट ज़नानी ज़रूर थी, मगर साफ़, ख़ूबसूरत। उस पर इतना ही लिखा था—

"मिस्टर मुरारीकृष्ण"

भीतर गुलाबी रंग के खूबसूरत लेटर पेपर पर तीन लकीरों में लिखा था—

"रविवार की शाम को गर्ल्स-कालेज-होस्टल के फाटक पर एक बार मुझसे ज़रूर मिलिए। मेरी क़सम—ज़रूर।

एन—।"

प्रियतम, मैं जानता हूँ पत्र बड़ा हो रहा है। मगर छोटा होने पर भी तो तुम पसन्द नहीं करोगे। इसीलिए 'विस्तृत विवरण' लिख रहा हूँ। अब तक मुझे कभी ऐसा मौक़ा न मिला जो मैं उक्त 'श्रीमती' का नाम किसी तरह जान पाता। 'एन'—मैंने मन में सोचा, इस 'एन' अक्षर से कौन-सा नाम सम्भव हो सकता है ? नलिनी ? मगर वह बंगाल की तो नहीं मालूम पड़तीं। जो हो रविवार को उनमें भेंट होने पर पहले इस 'एन' की पहेली का अर्थ पूछूंगा।

उस दिन सोमवार था। फिर रविवार की शाम के आने में पूरे

5।। दिन कई घण्टे लगे। मगर मुझे ऐसा मालूम पड़ा मानों बरसों बीत गए, रविवार हुआ ही नहीं। जिस दिन वह, बहुत दिनों से सोचा हुआ 'रविवार' आया उस दिन न जाने क्यों मेरा मन मारे प्रसन्नता के नाच रहा था। मिलना था शाम को 5।।-6 बजे, मगर 12 बजे से ही मैंने तैयारी शुरू कर दी। कपड़े के ट्रंक की जाँच की। एक-एक लत्ता को आईने के सामने पहनकर देखा, कौन ज़ियादा ख़ूबसूरत मालूम पड़ता है। जूते में (अपने हाथ से) दो-दो बार पालिश किया। उनसे मिलने के लिए उस दिन जैसी तैयारी मैंने की थी, वैसी तैयारी कभी किसी बात के लिए नहीं की थी। आख़िर वह वक्त भी आया।

मैं बाइसिकिल की घण्टी टुनटुनाता गर्ल्स-कालेज होस्टल की ओर जा ही रहा था कि मेरी 'टीम' में खेलने वाला (कालेज में बी० ए० का विद्यार्थी) याकूब अहमद दिखाई पड़ा। वह गर्ल्स-कालेज होस्टल की ओर से, बाइसिकिल पर मेरी ओर आ रहा था—

"वाह, वाह ! बड़े ठाट-बाट ! किसकी 'ब्यूटी' का क़िला तोड़ना है ?"

"अपनी बदक़िस्मती की। आप कहाँ से कहाँ जा रहे हैं ?"

"यूँ ही घूम रहा हूँ।" उसकी साइकिल आगे बढ़ी। मैंने कहा—

"आदाब अर्ज़ है, कभी फिर।"

उसने कहा—"बन्दगी अर्ज़ है।"

गर्ल्स-कालेज होस्टल के 'गेट' पर पहुँचते ही मैंने देखा, वह गुलाबी रंग की सारी, पारसी कितेसे पहने फाटक के पास ही बाग़ीचे में खड़ी कोई किताब देख रही थीं। मैंने घण्टी दी। उन्होंने देखा !

"मैं भीतर आ सकता हूं ?" मैंने, फाटक के दरवान की पर्वा न कर, उन्हीं से पूछा।

उन्होंने सर हिलाकर मुँह से कहा—"नहीं।"

आँखें नचाकर इशारे से कहा—"हाँ !"

मैं भीतर दाखिल होकर उनके रू-ब-रू खड़ा हो-गया।

"पहला सवाल" मैंने मुस्कराकर कहा—"मेरा होगा। मैं जानना चाहता हूँ कि, आपका शुभनाम क्या है ? मुझे याद करने वाला (या वाले) 'एन' साहब कौन हैं ? 'एन' का मतलब क्या है ?"

उन्होंने कहा—" 'एन' मेरी एक सखी हैं। यही उनके नाम का पहला हर्फ़ है। उस दिन खेल में वह भी थीं। वही आपसे मिलना चाहती हें। वही आप पर—।"

"चलिए," मैंने कहा—"मैं उनसे मिलकर अपने को भाग्यवान समझूँगा।"

"मगर," उन्होंने कहा—"हमारी 'वार्डेन' ने उन्हें आपसे मिलने की आज्ञा नहीं दी है, हम लोग लड़कियाँ हैं, आप जानते ही होंगे। हम सभी (एक्स, वाई, ज़ेड) से नहीं मिल सकतीं।"

"तब," मुस्कराते हुए मैंने पूछा, "आपकी 'वार्डेन' साहिबा ने आपको मुझसे मिलने की इजाज़त कैसे दी ?"

"मैंने झूठ कहकर उनकी इजाज़त पाई है। मैंने कहा है कि आप मेरे पुराने जान-पहचानी हैं।"

"फिर; अब मुझे क्या करना है ?"

"मुझसे बातें !"

"कैसी ?"

"मेरी सखी के बारे में। उन्होंने आपसे कुछ सवाल किए हैं।"

"फ़रमाइए।"

"उन्होंने दरियाफ्त किया है कि आपकी 'वाइफ़' का क्या नाम है ?"

"वाइफ़ का ?" मैंने आश्चर्य से उत्तर दिया—"मेरी तो शादी ही नहीं हुई है।"

उनका चेहरा मेरी बात सुनकर कमल की तरह खिल गया। वह ज़रा आगे बढ़कर मेरे पास आ रहीं और मेरी बाइसिकिल का 'हैंडिल' पकड़कर खड़ी हो गईं।

"मेरी क़सम···?" उन्होंने पूछा।

"मैं क़सम नहीं खाता; पर, मैं अविवाहित हूँ।"

"ब्याह क्यों नहीं करते?" उन्होंने पूछा।

"माफ़ कीजिएगा" उनके व्यवहारों से मेरी खुली हुई हिम्मत ने बड़ा करारा सवाल किया—"आपकी शादी?"

मुँह लाल हो गया, कान लाल हो गए, नाक लाल हो गई! मालूम पड़ने लगा, ख़ालिस गुलाब की पंखड़ियों की पुतली मेरी साइकिल का हैण्डिल पकड़े खड़ी है!

"आपके सवाल का मतलब?" उन्होंने पूछा। उनका मुँह बहुत कुछ मेरे मुँह के क़रीब था।

"आपके सवाल का मतलब?" मैंने भी छोप रखा। मेरा भी मुख (ठीक याद नहीं, संभवत:) उनके मुख से अधिक सन्निकट हो गया। उनकी साँस मेरी आँखों पर पड़ती थीं। मेरी साँसें उनके ओठों से टकराती थीं!

"मैं जवाब देती नहीं, माँगती हूँ" ख़ूबसूरत ग़ुस्से के साथ उन्होंने कहा, साथ ही; उनकी नाक का सिरा मेरी नाक के सिरे से छू गया! एक आग दौड़ गई! बिजली छू गई!!

मैं साधू नहीं, फ़क़ीर नहीं; मैं महात्मा नहीं; त्यागी नहीं; मैं ऋषि नहीं, मुनि नहीं। सौन्दर्य के उस लबालब भरे प्याले को देख मेरा मन मचल गया: जी में आया—"देखते क्या हो? 'गुडलक' होने दो।" फिर क्या—वही हुआ।

अपनी नाक से उनकी (क्या कहूँ किसकी तरह···?) ख़ूबसूरत नाक

को, अपने ओठों से उनके लाल-लाल परिपक्व ओठों को हल्का-सा धक्का देते हुए मैंने कहा—"मैं भी जवाब देता नहीं, माँगता हूँ !"

"वाहरी हिम्मत ! वाहरी हिम्मत !" कहकर; वह मेरी गर्दन से छोटे बच्चे की तरह गुथ गईं। मारे चुम्बनों के उन्होंने मेरा मुँह भर दिया। मैंने विवश होकर उन्हें भुजाओं में कस लिया।

मेरी बाइसिकिल भयानक "झन्न-झन्न" स्वर से चारोख़ ने चित्त गिर पड़ी ! तब मुझे ज्ञान हुआ ! मैंने सोचा—"पागल हो गया हूँ ?" बाइसिकिल ने संभवत: उन्हें भी ज्ञान दिया। वह भी मुझे छोड़, दूर खड़ी हो, सर और कन्धे पर के कपड़े ठीक करने लगीं।

"क्या हुआ सरकार ?" फाटकवाले ने आवाज़ दी। मैंने कहा—"ज़रा सलाई लाना, लैम्प जलाना है, शाम हो गई।"

नौकर सलाई देकर चला गया। तब तक हम दोनों होश में आ गए। उन्होंने कहा—

"मेरी शादी हो गई है।"

"तो" मैंने कहा—"मेरी भी शादी हो गई।"

आँचल के भीतर से एक लिफ़ाफ़ा निकालते हुए उन्होंने कहा—

"इसी में मेरी सखी 'एन' का नाम और पूरा पता है।"

मैंने कहा—"अगर आपकी सखी का रूप और हृदय ज़रा भी आपसे भिन्न हुआ तो उन्हें पूर्णनिराश होना पड़ेगा।"

"लिफ़ाफ़ा, घर खोलिएगा। आपका पता—'कलकत्ता-कालेज होस्टल' है न ?"

× × ×

घर लौटकर मैंने देखा; लिफ़ाफ़े के भीतर के कागज़ पर लिखा था—

"मैं लखनऊ के मशहूर रईस ख़ानबहादुर मुहम्मद हुसैन की लड़की

हूँ। मेरा ही है नाम 'एन' या—नर्गिस !"

मेरे पाँव-तले की मिट्टी निकल गई ! मैंने अभी-अभी एक मुसलमान लड़की को चूमा है ? मैंने ? जिसकी नसों में विशुद्ध हिन्दू-रक्त प्रवाहित हो रहा है। मैंने एक विजातीय-बालिका के चरणों में हृदयार्पण किया है।

पिताजी क्या कहेंगे ? प्रयाग क्या कहेगा ? समाज क्या कहेगा ? देश क्या कहेगा ? फिर, हम दोनों की शादी हो ही कैसे सकती है ?

प्रियतम; हम लोगों की प्रतिज्ञा है कि, हम विवाह के पूर्व एक-दूसरे से जरूर सलाह लेंगे। इस समय तुम्हारी सख्त ज़रूरत है। बन पड़े तो दो-चार दिनों के लिए यहाँ चले आओ। मेरी रक्षा करो। मुझे सीधे रास्ते पर कर दो ! बताओ, इस समय मेरा कर्त्तव्य क्या है ? मैं मुसलमान-दुहिता सुन्दरी नर्गिस को हृदेश्वरी बना चुका हूँ। अब क्या करूँ ? पिताजी को इस समाचार से कैसे अवगत करूँ ? इसका उन पर क्या प्रभाव पड़ेगा ?

यदि तुम न आ सको तो विस्तृत उत्तर देना। एक-एक बात का हर एक पहलू से।

यदि कलकत्ता आना तो 'धरम' छोड़ने को तैयार होकर आना। क्योंकि, मैंने 'मुसलमानिन' को चूमा है और तुम्हें मुझे चूमना होगा।

तुम्हारा ··
हलचल में पड़ा —
मुरारीकृष्ण

3

पता

जनाब अलीहुसेन साहब

(बार-एट-ला).

No. 00002 Chauk.

Patna City.

हज़रतगंज

लखनऊ

10-1-26

मेरे राजा,

यह ख़त (जो मैं पढ़ रही हूँ) तुम्हारा लिखा है ? तुम इतने सख्त; ऐसे गुस्सावर हो सकते हो ? इस बात पर एतबार लाने को जी नहीं चाहता। तुम मेरे ख़ुदा हो। तुम्हीं इन्साफ़ से दूर भागोगे तो मेरी दीनों-दुनिया चौपट हो जायगी। याद करो ! 'बड़े दिन' की छुट्टी खत्म कर पटना जाने से पहले; (31 दिसम्बर सन् 1925 की 12 बजे रात) मेरे गले में हाथ डालकर तुमने कहा था—"मुहब्बत ख़ुदा है; मुहब्बत बहिश्त है और मुहब्बत ही ज़िन्दगी का सबसे अच्छा लुत्फ़ है !" कहने के लिए ये बातें सन् 25 में कही गई हैं; और आज सन् 26 है। मगर जाननेवाले जानते हैं कि इस 25-26 में केवल कुछ दिनों का ही फ़र्क़ है, जिनकी तादाद 10 से ज्यादा नहीं।

क्या मुहब्बत और मुहब्बत के सारे मज़े हमीं तक महदूद हैं ? क्या तुम्हारी बहन नर्गिस के दिल नहीं है ? मैं तुम्हें और तुम मुझे प्यार कर सकते हो। इसके लिए हम लोग अपने माँ-बाप से लड़ाई भी कर सकते हैं (और उस लड़ाई में 'लव एंड हार्ट' की दोहाई भी दे सकते हैं।) मगर, यही काम दूसरे नहीं कर सकते ? क्यों ??

ज़रा दो क़दम पीछे हटकर (आज से 4 बरस पहले जहाँ हम थे, उस जगह पहुँचकर) नर्गिस की हालत पर ग़ौर करो। तुम विलायत से

'बैरिस्टर' होकर लौटे थे। हमारे घर पर कोई जल्सा था। तुम्हारे घर-वाले और तुम, हमारे यहाँ मेहमान थे। मगर, तुमने क्या किया ? अपने मिहरबान 'मेज़बान' के घर चोरी की। सो भी कैसी चोरी ? 'दिल' की ! (गई होती अदालत में बात तो लद गए होते। सारी बैरिस्टरी हवा हो गई होती !) चोरी ही नहीं, तुमने तो सीनाज़ोरी भी की। बड़ों से ख़ुद भी उलझ गये, साथ ही, मुझे भी उलझने को बहका (हाँ-हाँ बहका) दिया ! सारा का सारा लखनऊ चक्कर में आ गया ! लोग कहने लगे—"यह लड़का ईसाई हो गया !" लोगों की लुगाइयाँ कहने लगीं—'तोबा ! यह लड़की स्कूल में पढ़कर 'मेम' हो गई !!"

उस वक्त अगर कोई तुमको वही बातें लिखता जो तुम आज नर्गिस को लिख रहे हो, तो तुम्हें कैसा लगता ? तुमने लिखा है—

"मैं नर्गिस की इस हरकत को महज़ नादानी और बेवकूफी समझता हूँ। उसे इस तरह मुहब्बत करने का कोई भी हक़ नहीं है। यह तुमने बहुत बुरा किया जो मेरे लखनऊ रहने पर इस शर्मनाक क़िस्से को मुझे नहीं सुनाया। उस वक्त नर्गिस भी वहीं थी मैं उसे हर्गिज़ कलकत्ता न जाने देती। लड़कियों को जितना पढ़ना चाहिए, वह उससे ज्यादा पढ़ चुकी। उसे नौकरी, बैरिस्टरी या लीडरी नहीं करनी है। मैं जानती हूँ, थोड़ी भी आज़ादी देने से इस मुल्क की औरतें सर पर चढ़ जाती हैं।"

ओ हो हो ! मैं सदके जाऊँ तुम्हारी नसीहतों के। तुम तो हिन्दुओं के ढोंगी पण्डितों से भी बढ़ गये। मैं बड़े दिन की छुट्टी में चार दिनों के लिए घर लौटी हुई अपनी 'जान' को क्यों रंज करती ? मैंने उनसे वादा किया था कि उनके 'लव-अफ़ेयर्स' में उनकी मर्ज़ी के खिलाफ़ दस्तन्दाज़ी नहीं करूँगी। ये बातें जो तुम्हें सन् 26 में मालूम हुई हैं, मुझे सन् 25 के 11वें महीने से ही मालूम हैं। मैंने जान-बूझकर तुम्हें इन बातों से आगाह नहीं किया। मैं अपनी नर्गिस को तुमसे ज्यादा

जानती हूँ। वह अपनी बात पर जब अड़ जाती है, तब उलट-पलट होकर भी एक दुनिया उन्हें अपनी तरफ़ नहीं ला सकती। तुम 'नर्गिस' की इस हरकत को महज़ नादानी समझते हो? क्यों न समझोगे। 'थोड़ी भी आज़ादी देने से इस मुल्क की औरतें सर पर चढ़ जाती हैं, यह तुम जानते हो? क्यों न जानोगे। मगर हुज़ूर; क्या बन्दी यह सवाल कर सकती है कि नर्गिस की जैसी हरकत 'नादानी' कही जाती है, वैसी ही हरकतों से 'असग़री' आपकी प्यारी कैसे रह सकती है? जो आज नर्गिस करने जा रही है, वही उस वक्त मैंने भी किया था। भूल गए!

'इस मुल्क की औरतों' पर आपका 'रिमार्क' एक ही रहा। अपनी 'औरत' की गुस्ताख़ी माफ़ कीजिएगा, क्या मर्दों के हाथ में औरतों के दिलो-दिमाग़ का, दीनो-दुनिया का बहिश्तो-दोज़ख़ का ठेका है? मर्द जिसे कहे, औरत उसी को प्यार करे। उसी के गले पड़े। उसी को 'अपना' बनाये! औरतें गन्दी हैं, औरतें बेवकूफ़ हैं, औरतें गुलाम हैं, औरतें बदतहज़ीब और बेतमीज हैं—यानी दुनिया में सबसे खराब अगर हैं तो औरतें हैं। फिर; बन्दापरवर! आप मर्द लोग; जो अपनी सफ़ाई, अक्लमंदी, बहादुरी और तहज़ीब के लिए मशहूर हैं, औरतों को नेस्तो-नाबूद क्यों नहीं कर देते? यही कीजिए और ज़रूर कीजिए, बड़ा सबाब होगा। दुनिया (अमेरिका, जापान, इंग्लैंड, फ्रांस, जर्मनी, इटली, रूस, चीन, तुर्की औरतों को आज़ादी दे रही है) हुज़ूर के मुल्क के मर्दों को चाहिए कि दुनिया के खिलाफ़ बग़ावत करें। औरतों को जेलों में रखें। खाने न दें, देखने न दें, सुनने न दें, प्यार करने न दें और पढ़ने-लिखने तो ज़रूर न दें। अगर आपके मुल्क को 'बाग़े-अदन' और मर्दों को 'खुदा' कहा जाय तो बुरा न होगा। आप लोग हम औरतों को समझा दीजिए कि इल्म ही वह 'फारबिडेन ट्री' है, जिसका फल खाने की आज्ञा नहीं। औरतें भी, 'आदम' और 'ईव' की तरह, इल्म के पेड़ के फल खाकर

चौकन्ना हो जायँगी, होश में आ जायँगी। इसलिए जो औरत आप (ख़ुदाओं) की बात न माने, उसे अपने 'सोशल-पैराडाइज़' (सामाजिक स्वर्ग) से निकाल बाहर कीजिए। मगर, याद रहे; उनमें पहला नम्बर अपनी असग़री का ही रखिएगा।

तुमने लिखा है—

"मैं मुसलमान हूँ। ख़ुदा-परस्त, इस्लाम-परस्त और मजहब-परस्त हूँ। मैं इस बात को हर्गिज बर्दाश्त नहीं कर सकता कि मेरी बहन, किसी ग़ैर क़ौम वाले के साथ ब्याही जाय। मैं नर्गिस को जहर देकर मार डालूँगा, अपना गला घोंटकर मर जाऊँगा; मगर, इस बेइज्ज़ती से बचने की कोशिश करूँगा—बचूँगा।"

एह कैसी बातें हैं, मेरे मालिक ! मैंने सुना था हाथियों के खाने और दिखाने के दाँत अलग-अलग होते हैं। मगर, मुझे आज ही मालूम हुआ है कि मर्दों के दिल भी दो तरह के होते हैं। दिखाने के और; बहकाने के और। तुम मेरे आगे मुहब्बत-परस्त बनते हो और दूसरों के आगे इस्लाम-परस्त या मजहब-परस्त ! प्यारे; बुरा न मानना। क्या यह दुनिया को धोखा देना नहीं है ? अपने को ठगना नहीं है ? तोबा, तोबा। तुमने यह ख़त नशे की हालत में तो नहीं लिखा है ? नर्गिस को जहर देकर मार डालोगे ? क्यों ?

उसी मुहब्बत के लिए, जिसे हम दुनिया की सबसे बड़ी नेयामत समझते हैं ? उसी मुहब्बत के लिए जिसे पाकर इन्सान इन्सान हुआ है। उसी मुहब्बत के लिए, जिसका नाम लेकर दुनिया अपना रास्ता तय कर रही है। उसी मुहब्बत के लिए जो ख़ुदा है दीन है, मजहब है और क़ुरान पाक है। उसी मुहब्बत के लिए जिसकी तारीफ़ करते-करते हाफ़िज़ और सादी, ख़ुय्याम और मीर, ग़ालिब और ज़फ़र फ़रिश्तों की तरह मशहूर हो गये !

मुहब्बत के लिए ख़ून ? मेरे राजा ! तुम पागल तो नहीं हो गये हो ?

तुम्हीं सोचो; तुम मेरे सर पर हाथ रखकर कह सकते हो कि, मुहब्बत—क़ानून से, धरम से, मज़हब से, हिन्दू से, मुसलमान से, ईसाई से, सिख से, डरता है ? मुहब्बत दिल देखता है; मज़हब नहीं, क़ानून नहीं, हिन्दू नहीं, मुसलमान नहीं। मेरे ख़ुदा, अगर तुम 'हिन्दू' भी होते तो मेरे ही ख़ुदा होते; मेरे ही मालिक होते, मेरे ही आक़ा होते ! तुम अगर कल ईसाई हो जाओ, तो मैं भी तुम्हारी ही रहूँगी। तुम मेरी नज़रों में वैसे ही बने रहोगे जैसे हो। मज़हब इस दुनिया की चीज़ है, मुहब्बत उस दुनिया की। मज़हब अगर सच्चा मज़हब है, मुहब्बत के रास्ते का रोड़ा नहीं, फूल है।

प्यारे, आज तुम्हारे ही हथियारों से तुम्हें हराऊँगी। तुम्हीं से सुनी हुई बातें 'तुम्हारे खिलाफ' तुम्हारे सामने रखूँगी। यह तुम्हारा ही कहना है कि, "पहले हिन्दू, मुसलमान, ईसाई या यहूदी कोई नहीं था। सभी आदमी थे, सभी खुदा के प्यारे बच्चे थे। फिर ? सब लोग मिलकर फिर से 'आदमी' क्यों नहीं बन जाते ? क्या 'हिन्दू', 'मुसलमान या ईसाई' 'यहूदी' के नाम पर आदमियों में फूट डालने वालों पर खदा खुश होगा ? क्या यह अल्लाहो अकबर के ख़िलाफ बग़ावत नहीं है।

× × ×

अभी-अभी नर्गिस का एक ख़त आया है। उफ़, देखने लायक़ है। तुम देखो तो—क़सम तुम्हारे क़दमों की !—रो पड़ो। मेरी प्यारी जान उस 'काफ़िर के बच्चे' पर दीवानी हो गई है। लिफ़ाफे पर आँसू, लेटर पेपर पर आँसू, एक-एक लाइन पर आँसू ! ख़त के साथ उन्होंने हिन्दी की कई ऐसी किताबें भी भेजी हैं, जो मुसलमानों की लिखी हुई हैं। कोई 'रहीम की', कोई 'रसखान की', कोई 'मुहम्मद जायसी की', कोई

'नज़ीर की' और कोई 'कबीर की। उन्होंने लिखा है कि ये लोग मुसलमान होकर भी सच्चाई के पुजारी थे। हिन्दू धरम की खूबियों के क़ायल थे। फिर; अगर मैंने किसी हिन्दू को प्यार किया तो क्या बुरा किया! उनके ख़त का एक हिस्सा है—

"···औरत का दिल ऐसी चीज़ नहीं जिसे आज 'हिन्दू' और कल 'मुसलमान को' दिया जाय। सच्ची औरत अपना आक़ा, अपना मालिक, अपना खुदा एक बार चुनती है—हज़ार बार नहीं। इसीलिए औरतें मर्दों से ऊँची हैं—माँ हैं। मुहब्बत करने से अगर कोई चिढ़ता है तो चिढ़ा करे। अगर 'यह जुर्म है तो ऐसे गुनहगार बहुत हैं।' मैंने उन्हें 'अपना' मान लिया है। अब दुनिया की कोई भी ताक़त हमें अलग नहीं कर सकती। मैं उनकी हूँ, वह मेरे हैं।

"तुमने लिखा है, भाई साहब नाराज़ होंगे। अब्बा तो गोली मार देने को तैयार हो जायँगे। अच्छी बात है, ऐसा ही होने दो। अब मैं कलकत्ते से घर आती ही नहीं। तुम छोड़ दो, भाई छोड़ दें, अब्बा निकाल दें और अम्मा भी (जो कि गैर-मुमकिन है) भूल जाएँ। मेरा भी खुदा है। मैंने तो यह तय कर लिया है, भीख माँगूंगी तो 'उन्हीं' के साथ और तख्त पर बैठूंगी तो 'उन्हीं' के साथ।···तुम जानती होगी, उनके साथ दुःख उठाने में भी मज़ा मिलेगा—

लेकर सुघर खुरुपिया पिय के साथ,
छइबे एक छतरिया बरसत पाथ।

× × ×

टूट खाट, घर टपकत, टटियो टूट,
पियकै बाँह उसिसवाँ सुखकै लूट।

"मैं 'रहीम की' इन लकीरों को चौबीस घण्टे में हजार बार खुदा के सामने रखकर दोआ माँगती हूँ—

मोहि वर जोग कन्हैया लागऊँ पाय,
तुहूँ कुल-पूज देवतवा होहु सहाय ।

मैंने जब से उन्हें पहचाना, तब से आज तक बराबर खुदा से, मज़हब से, दिल से, 'उन्हीं को' माँगा करती थी। अब वह हजार कोहेनूरों का एक कोहेनूर मुझे मिल गया है।

सब कुछ खुदा से माँग लिया 'उनको' माँग कर,
उठते नहीं हैं हाथ मेरे इस दोआ के बाद ।

मैं उनकी हूँ, हजार बार उनकी हूँ, हजार में उनकी हूँ।"

देखो तुमने? यह मेरी बन्दिश नहीं, तुम्हारी बहन नर्गिस की चिट्ठी है। उनके दिल में वह मुहब्बत नहीं जो दुनियावी दिक्क़तों से घबरा उठे। उनका दिलोदिमाग़ भी उन्हीं चीज़ों से बना है जिनसे तुम्हारा, फिर वह तुमसे कम हठीली कैसे हो सकती है ?

फिर आओ न—'माइ लव'! हम लोग थोड़ी हिम्मत से काम लें। एक बार जी कड़ाकर दुनिया के आगे एलान कर दें कि—"हमारा सबसे बड़ा मजहब प्रेम है, मुहब्बत है। हम मुहब्बत से बढ़कर किसी को (खुदा को भी) नहीं मानते।" मुहब्बत दुनिया की रूह है। वह किसी खुदा का जल्वा नहीं बल्कि; 'मूसा के' दिल की मुहब्बत थी जो 'तूरपर' एकाएक उसकी आँखों के आगे चमक गई। मुहब्बत ने मूसा को हजरत मूसा बनाया है। बिना मुहब्बत के खुदा, खुदा नहीं, मज़ाक़ रह जाता है। इसी से तो हज़ारों ने कहा है (और मैं भी कह रही हूँ) मुहब्बत ही खुदा है। दुनिया को खूरेज़ी, नफ़रत, दुश्मनी, नाइत्तिफ़ाकी और ग़ुस्से से दूर रखने के लिए—खुदा के परदे में—मुहब्बत ही अपनी पूजा करा रहा है। फिर हम मज़हब, जात, रंग और रिवाज पर क्यों जाएँ ? सीधे मुहब्बत —खुदा के खुदा—के पास क्यों न जाएँ ? मुहब्बत का नाम लेकर

ईसा मुस्कराता-मुस्कराता 'क्रूस' पर चढ़ गया था। मुहब्बत का नाम लेकर हज़रत मुहम्मद ने इस्लाम का झण्डा ऊँचा किया था। जहाँ तक मेरी ('यू' + 'आई' = 'माइसेल्फ़') 'स्टडी' है, मैंने दुनिया के सभी बड़े 'आदमियों को' मुहब्बत और सिर्फ़ मुहब्बत के नाम के नारे बुलन्द करते पढ़ा है, सुना है—देखा-सुना है। 'बिन्दराबन' का 'किशन' मुहब्बत का पैग़ाम लेकर आया था, 'कपिलवस्तु' का 'गौतम' मुहब्बत का पैग़ाम लेकर आया था, (इसे पचासों बार तुमने खुद कहा है)। आज के (खूँरेज़ी के, नफ़रत के, डाके के, लूट के) ज़माने में भी, इन्सान नाम के 'जानवरों के' दिलों का दिल, उन्हीं को बड़ा आदमी मानता है जो मुहब्बत के नाम पर मिटे हैं या मर मिट रहे हैं। कार्ल मार्क्स-टाल्स्टाय-लेनिन, शेक्सपियर-सादी-तुलसी या कमाल-अब्दुलकरीम-जग़लूल' या (याँद है ? जिनके नाम पर बैरिस्टरी छोड़ने जा रहे थे ?) गांधी। मैं संसार के सभी पैग़म्बरों और अवतारों को—अधिक-से-अधिक—'आदमी' समझती हूँ। मूसा हों या ईसा; मुहम्मद हों या किशन; गौतम हों या मैजीनी—सभी आदमी थे। 'आदमी से' बढ़कर कोई नहीं हो सकता। मगर हाँ, सच्चा 'आदमी' होना बहुत दुश्वार है।

फिर आओ न मेरे मालिक ! हम लोग एलान कर दें कि हम— "पहले 'आदमी' हैं, फिर हिन्दू या मुसलमान या कोई और।" आजकल की दुनिया धरम से, रिवाज से, ज़ात से, गुटबन्दी से, गोरे से, काले से, हिन्दू से, मुसलमान से घबरा गई है। लोग जल्द ही आदमियों के छुटकारे का कोई अच्छा रास्ता ढूंढ़ निकालने की फ़िक्र में हैं। आँख रखकर अन्धा बनना ठीक नहीं। आओ, हम 'यूनिवर्सल ब्रदरहुड' फैलाने वालों की मदद करें। इससे खुदा (अगर वह है) ज्यादा खुश होगा।

"मेरी प्यारी नर्गिस को सहारा दो। उसे दुनिया की झिड़कियों; लानत-मलामतों और फिटकारों से बचाओ। उसके दिल में खुदा के

जल्वा की तरह अगर मुहब्बत चमक रही है तो उसे चमकने दो और ऐसी पाक-मुहब्बत से अन्धी दुनिया को आँखें पाने दो।"

अब मुझसे ज़्यादा बहस न करना। मैंने लण्डन जाकर बैरिस्टरी नहीं पास की है। इस इल्म में (यानी बहस में) तुम हमेशा के लिए एक ही हो। मगर जहाँ 'दिल का' सवाल हो, वहाँ बहस करना कहाँ तक ठीक है; यह तुम जानते हो। इसी से कहती हूँ।

एक बात और लिखकर ख़त को ख़त्म करती हूँ। वह यह कि अब मैं तुम्हें छोड़कर अकेले यहाँ (लखनऊ में) नहीं रहना चाहती। पटना में तुम्हारी बैरिस्टरी चले या न चले। मैं अपने दिल के ख़ुदा को बैरिस्टरी के लिए नहीं छोड़ सकती। सीधे से नहीं ले चलोगे तो एक दिन मिसेज़ ए० हुसेन खुद ही पटना में दिखाई देंगी। पहाड़ मुहम्मद के पास नहीं आएगा तो, मुहम्मद खुद पहाड़ के पास जाएगा। समझे?

तुम्हारी ही
—असग़री

नोट—यह ख़त किसी मुल्ला, हाजी या मौलवी के हाथ में न पड़े—
होशियार रहना ! इस पर अख़बार वालों की नज़र न गड़े—
ख़बरदार रहना !—"अ"...

4

पता

पण्डित मुरारीकृष्ण शर्म्मा,

Room No 36

Calcutta College Hostel,

Calcutta.

लाठी-महाल···
कानपूर
31 मार्च, 1926

प्यारे मुरारी,

19-11-25 का लिखा और पोस्ट किया हुआ तुम्हारा पत्र तुम्हारे प्रियतम के हाथों में 28 मार्च सन् 1926 को पड़ा। इसमें न तो पत्र का दोष है, न मेरा और न तुम्हारा ही। सुना है तुम एक वर्ष से बराबर कलकत्ते ही में हो, प्रयाग लौटे ही नहीं। मैं एक वर्ष तक जेल में था, दुनिया में था ही नहीं। जेल जाने के पूर्व एक बार जी में आया था कि, बहुत दिनों से ख़त-किताबत बन्द है तो क्या, इस जीवित-श्मशान-यात्रा का संवाद तुम्हारे कानों तक पहुँचा दूँ। मगर, फिर, कुछ सोचकर उस इच्छा का दमन ही करना उचित समझा। इसका एक कारण था। मैं जानता हूँ और तुम भी जानते हो, ऊपर से शान्ति और प्रसन्नता की मूर्त्ति बने रहते हुए भी तुम्हारे धनी घर वाले, तुम्हारे 'समाज-सम्मा-नित' घर वाले, तुम्हारे 'कैपिटलिस्ट' घर वाले, यह नहीं चाहते कि उनका 'सोने' का अमीर-मुरारी, 'मिट्टी के' ग़रीब गोविन्द से—दूध-पानी की तरह, मिश्री तृण की तरह पान-पत्ते की तरह मिल जाय। तुम्हें याद होगा। असहयोग आन्दोलन के समय जब हम तुम एक साथ बैठकर 'यंग इण्डिया' पढ़ा करते थे और महात्माजी के मतों पर अपनी सम्मति दिया करते थे उस समय तुम्हारे 'रिटायर्ड डिप्टी कलेक्टर' बाबूजी कैसी कटूक्तियों से काम लेते थे। "सब ढोंग है। यह सब कुछ

बिगड़े-दिमाग़ों की खराबी है। यह अंग्रेजी राज है। इसके ख़िलाफ़ होने पर अच्छे-अच्छे रगड़ दिए जाते हैं। महात्मा गाँधी यह बुरी आग लगा रहे हैं। इससे देश का सर्वनाश हो जाएगा। कितने घर उजड़ जायँगे, कितने मर मिटेंगे। सब ढोंग है। जिसे कोई काम नहीं, वही लीडर है। जिसे कोई रोज़गार नहीं, वही व्याख्यानबाज़ी करता है। अंग्रेजी राज्य राम-राज्य है। इसमें कोई दु:ख नहीं, कोई तकलीफ़ नहीं!" आदि, आदि। ये बातें मुझे बहुत बुरी मालूम पड़ती थीं। साथ ही, तुम्हें भी कम बुरी नहीं मालूम पड़ती थीं। क्योंकि, 'मैं' तुम था; 'तुम' मैं थे। क्योंकि, मैं 'प्रियतम' था; तुम 'प्यारे' थे। क्योंकि, मैं प्रभात था; तुम बालारुण थे। क्योंकि, मैं मन्द-मलय-समीरण था; तुम कुसुमित-वसन्त थे। क्योंकि, मैं अधर था; तुम चुम्बन थे। क्योंकि, हम एक ही तरंग में बहते थे; एक ही स्वर में बोलते थे, एक ही लय में गाते थे, एक ही गत में नाचते थे। तुम 'मैं' थे, मैं 'तुम' था। तुम्हारे रक्त और मांस के स्रष्टा, तुम्हारे रक्त और मांस के मालिक, तुम्हारे हृदय को भी—ज़बरदस्ती—अपनी मुट्ठी में रखना चाहते थे। वह यह नहीं बर्दाश्त कर सकते थे कि उनके रचे हुए खिलौने को छाती से लगाकर संसार का कोई असुखी, अन-धन और अकिंचन भी अमरत्व का आनन्द ले।

प्यारे! तुम्हें याद होगा, (क्योंकि उस घटना को तुम कभी भूल ही नहीं सकते) हमारे उस सुख-स्वप्न को तुम्हारे पिताजी ने तोड़ा था। उन्हें विश्वास हो गया था कि हम दोनों एक साथ रहेंगे तो 'गाँधी की आँधी में' बह जायँगे। और उन्हीं के शब्दों में—"गाँधी का अनुकरण करना मूर्खता है। हमें कमी किस बात की है, जो हम अंग्रेजी राज्य का विरोध करें? जमींदार हम, धनी हम, विद्वान हम, सरकार द्वारा सम्मानित हम। क्या स्वराज्य में इनसे कुछ बहुत मीठे लड्डू मिलेंगे?" यह सब बेवकूफ़ी है।" बस, एक दिन उन्होंने प्रयाग के स्कूल से तुम्हारा

नाम कटाया और रातोंरात—उफ़ ! उफ़ !!—तुम्हें हमारी नजरों से छीनकर ले भागे ! और फिर, जब तक कि मैं स्वदेश-प्रेम के नाम पर 6 महीने के लिए जेल में नहीं ठूंस दिया गया, तब तक वे बराबर कलकत्ते में तुम्हें 'गार्ड' करते रहे। पत्र तब तक नहीं लिखने देते थे। यह तुमने स्वयं लिखा था। अपने पिता की उस कृति से तुम कितने दु:खित, लज्जित और क्षुब्ध हुए थे—याद है ? तुम्हारा वह पत्र अभी तक मेरे पास है, जिसमें तुमने लिखा था—"प्रियतम, यदि मेरा वश चलता तो मैं प्राण छोड़कर, उड़कर, तुमसे जेल में मिलता। तुम जेल में निर्दोष होने पर भी, पवित्र होने पर भी, अनेक प्रकार के कष्ट उठा रहे हो और मैं यहाँ आनन्द से जीवन व्यतीत कर रहा हूँ ! मेरा तुममें, तुम्हारे पथ में, तुम्हारे उद्देश्य में पूर्ण विश्वास है। मैं जानता और समझता हूँ कि मेरे पूज्य-पिताजी तुच्छ मोह और स्वार्थ के भ्रामक पथ पर हैं और मुझे भी बरबस घसीट रहे हैं। पर सब कुछ जानकर भी कुछ नहीं कर सकता। मुझमें इतनी शक्ति नहीं कि पिताजी का खुले शब्दों में विरोध करूँ। हजार सुख होते हुए भी मैं उनके भयानक-क्रोध में पला हूँ। मेरे हृदय पर भय से शासन करते-करते मेरे शासक (डिप्टी-कलेक्टर) पिताजी ने मुझे कायर बना दिया है। मैं नीच हूँ, मैं अधम हूँ, मैं कायर हूँ। मैं तुम्हारा—अपने प्राणों के प्राण का—विपत्ति में साथ नहीं दे सकता। पिताजी नहीं रहते तो सब कुछ सोचता हूँ। यह भी निश्चय करता हूँ और वह भी। मगर, उनकी आँखें ज्योंही मेरी आँखों से मिलती हैं, मैं सत्पथ से विचलित हो जाता हूँ। यद्यपि यह कहने के लिए तुम मुझ पर अनेक बार नाराज हो चुके हो, मुझे प्रेम-पूर्ण दण्ड भी दे चुके हो, मगर; मैं पुनः यही कहता हूँ कि मैं अपने पिताजी को प्रेम से नहीं; भय से देखता हूँ। वह पहले डिप्टी-कलक्टर हैं, फिर पिता ! वह पहले शासक हैं, फिर देवता ! मैं ईश्वर से नित्य यही प्रार्थना किया करता हूँ कि वह मुझे

वह शक्ति प्रदान करे जिससे मैं निर्भय होकर, आवश्यकता पड़ने पर, अपने पूज्य-पिता का सादर-विरोध कर सकूँ। तुम्हारे प्रेम की दोहाई, जिस दिन मुझमें इतनी शक्ति आ जायगी, उस दिन मैं अपने को धन्य समझूंगा। और फिर, जीवन में, मरण में, बिहार में, रण में, सम्पत्ति में, विपत्ति में, जेलखाने में और फाँसी घर में, कहीं भी तुम्हारी छाया न छोड़ूंगा। आज भी, मेरे हृदय की पवित्रता के स्रष्टा तुम्हीं हो; आज भी मेरी हृदय-गंगा के हिमांचल तुम्हीं हो।"

मुझे तुम्हारे पत्र का यह अंश बहुत अच्छी तरह याद था, इसीलिए और; मैंने तुम्हें अपनी 'लेटेस्ट' जेल-यात्रा की सूचना नहीं दी। सोचा, कहीं तुम अपने पिता से विद्रोह कर बैठो और हमारे नेतृत्व में आ रहो, तो और भी मुश्किल हो जाय। ज़रा आँखें खुलने पर मालूम होता है कि दुनिया ठीक वैसी ही नहीं है जैसी हम सोचा करते थे। यह तो बड़ा भयानक रास्ता मालूम पड़ता है भाई ! इस पथ पर ऐसा कोई पथिक नहीं, जिसके पाँव न थर्राते हों। चारों ओर हाय-हाय-हाय-हाय ! कर तो डर, न कर तो भी डर। झूठ बोलना भी पाप, और सच बोलना भी पाप। सज्जन होना, उदार होना, सहृदय होना, मनुष्य होना तो महा-पाप है ! भला बताओ, ऐसी धोखेबाज़ और बेईमान दुनिया में तुम्हारे ऐसे रत्न को लेकर, अपने हाथों में उछालता हुआ, कौन चल सकता है ? कोई लूट ले, कोई छीन ले ?

तुम्हारा पत्र चार महीने बाद मिला था। बीच में क्या घटनाएं हुईं, तुम्हारा और तुम्हारी 'स्टूडेण्टा' महोदया का क्या हुआ, मुझे ख़बर नहीं। मैंने सोचा कि सबसे पहले प्रयाग—तुम्हारे घर पर ही जाना ठीक होगा। बहुत दिन हो भी गये; एक बार सब आदमियों को और सब स्थानों को भर आंख प्रेम से देख भी लूंगा। यह भी आशा थी कि, सम्भव है 'तू भी मिल जाय' और इस आशा के साथ अनेक उप-आशाएँ भी

थीं। मगर, वहाँ पहुँचने पर कुछ विशेष बात नहीं मालूम हुई। मालूम हुआ कि, तुम आजकल 'अपने मन' के हुए जा रहे हो। सालों से घर नहीं आते, महीनों तक पत्र नहीं लिखते। लिखते भी हो तो केवल रुपयों के लिए। जिस समय मुझसे और तुम्हारे पिताजी से बातें हो रही थीं उस समय 'माँ' भी वहीं थीं। तुम्हारी चर्चा चलने पर उन्होंने कहा—

" 'बड़े' वह तो हम लोगों को बिल्कुल भूल-सा गया है। एक साल से ऊपर हो चला वह माँ को एक बार भी देखने नहीं आया। मैं 'छोटे' को ऐसा निर्दयी नहीं समझती थी। मैंने इनसे (तुम्हारे पिताजी की ओर देखकर) हज़ार बार कहा कि छोटे को यहीं बुला लें। अब उसे कालेज से अलग कर दें। समझा-बुझाकर ब्याह दें। ज्यादा पढ़-पढ़कर वह बे-हाथ हुआ जा रहा है। वही हमारे बुढ़ापे की लकड़ी है ? वही हमारे धन-धान्य की श्री है, वही हमारा सर्वस्व है। दशमी बीत गई, दीवाली बीत गई, और मेरे बच्चे ने मेरे हाथ से दूध का कटोरा नहीं लिया। अब क्या फिर जन्म लेना है ? अब क्या फिर-फिर पुत्र-सुख पाना है ?

क्षण भर के लिए रुककर और तुम्हारे पिताजी के मुख की ओर प्रश्न-वाचक दृष्टि से देखकर उन्होंने फिर आरम्भ किया—

"यह 'छोटे' को भी डिप्टी कलेक्टर बनाने की धुन में हैं। माँ की गोद से फूल की तरह सुन्दर बच्चे को छीनकर पुरुष अपने इच्छानुसार रंग में उसे रँगता है। अपने साँचे में ढालता है। और माँ, दूर से खड़ी, टुकुर-टुकुर ताका करती है। मानो बच्चे से उसका कोई रिश्ता ही नहीं है। मैं नहीं चाहती, कि मेरा 'छोटे' इतनी सम्पत्ति के होते भी, किसी की गुलामी करे। हमारे कोई और भी है ? मगर, इन्होंने कभी किसी की सुनी है ! यह तो उसे डिप्टी कलेक्टर बनाकर ही दम लेंगे। मैं चाहे जीऊँ या मरूँ। मेरा लाल देश में रहे या परदेश में रहे।"

तुम्हारी माँ की आंखों में आंसू आ गए और, पिताजी का मुख रुक्ष

हो गया। उन्होंने माँ से कहा—'आँसू निकल आये न ? मैं कहता हूँ चुप रहो ! मोह से, नर्मी से या माता के हृदय से दुनिया नहीं चल सकती। दुनिया में पत्थर की तरह घिस जाने के बाद 'शालिग्राम' बनने की बारी आती है। कुली की तरह खटने पर पेट भर भोजन मिलता है। डिप्टी-कलेक्टरी कुछ जहर नहीं है। उसी के प्रताप से आज इतनी मान-मर्यादा है। मैंने अगर 'छोटे' को डिप्टी कलक्टरी के पथ पर न लगाया होता तो वह भी आज तुम्हारे इन (मेरी ओर इशारा कर) 'बड़े' की तरह, घर का न घाट का होता। कहीं लेक्चर देता होता और कहीं 'मुठिया' तहसीलता होता। कहीं अदालत में दिखाई पड़ता, कहीं जेल में। तुम केवल प्रेम दिखाना और आँसू बहाना जानती हो। मगर, दुनिया केवल प्रेम और आँसू ही नहीं है।"

माँ ने, पिताजी की बातों का विषय बदलना चाहा। उस समय उनकी आँखें पुकार रही थीं कि, 'छोटे' के विषय पर पति और पत्नी का मत एक होना असम्भव है। उन्होंने फिर मुझसे कहा—

"बड़े, तू अपना व्याह क्यों नहीं करता ? एक बार जेल गया, दो बार गया—अब कब तक देश और गाँधीजी के नाम पर संसारी बातों से अलग रहेगा ? पिछली बार जब 'छोटे' आया था तब उससे भी यही कहा कि 'देख' मेरी चलती तो अब तक मेरी पतोहू घर में आ गई होती। व्याह की उम्र बीती जा रही है। अब लड़कपन न कर।' इसका उसने जवाब दिया कि पहले 'बड़े' को कहो कि वह अपनी शादी करे, तब मुझसे कहना। 'बड़े' को तुम अपना लड़का नहीं समझतीं ? बड़े, आदमी नहीं है ? जब तक वह व्याह नहीं करता तब तक मैं भी नहीं करूँगा।"

मैंने कहा—"माँ, मैं तो अपना व्याह जरूर करूँगा, मगर, वैसे व्याह से तुम या तुम्हारे समाज वाले नाराज ही अधिक होंगे।"

"क्यों? क्यों? ब्याह होगा तुम्हारा और नाराज होंगे समाज वाले—क्यों?"

तुम्हारे पिताजी ने पूछा।

"समाज इसलिए नाराज़ होगा" मैंने मुस्कराते हुए उत्तर दिया "कि, मैं उसके नहीं, अपने इच्छानुसार अपना ब्याह करूँगा, इच्छा होगी कुमारी से, इच्छा होगी विधवा से। जी में आयेगा ब्राह्मण-बालिका का पाणि-ग्रहण करूँगा, जी में आयेगा किसी विजातिनी या विदेशिनी का। फिर, तुम्हीं बताओ माँ! इस व्यापार से तुम प्रसन्न होगी? समाज खुश होगा?"

"यह भी कोई व्यापार है? तुम्हारे पिताजी पुनः रूखे पड़े—"उच्छृंखलता को तुम 'व्यापार' कहते हो? यह तो समाज का और उसके नियमों का सरासर अपमान करना है। समाज की आज्ञा बिना विधवा-विवाह या असवर्ण-विवाह प्रचलित करना महामूर्खता है। कम-से-कम ऐसी कल्पना कोई समझदार आदमी तो नहीं कर सकता।"

मैंने कहा—"क्षमा कीजिएगा। अगर मैं किसी मुसलमानिन से अपना ब्याह करूँ तो आपको मुझसे सम्पर्क रखने में कोई आपत्ति तो न होगी?"

"मुसलमानिन से??" भवों पर बल देकर उन्होंने कहा—"तुम तो तुम्हीं अगर मेरा खास लड़का भी ऐसा दुष्टाचरण करे तो मैं उसे घर से बाहर निकाल दूं। मैं ब्राह्मण हूँ, मैं सनातनी हूँ। इस नये युग के क्षणिक और अशुद्ध-प्रवाह में मैं प्राण देकर भी अपनी पवित्र धारा को नहीं मिला सकता। महाशय जी, बाबू साहब, भैया जी, अभी देश में इस मत का प्रचार नहीं होगा—नहीं होगा।"

× × ×

यह तुम्हारे पिताजी की राय है। और, मेरा दृढ़-विश्वास है कि वे

अपने विश्वास पर दृढ़ हैं। अब तुम पूछ सकते हो कि 'तुम्हारी क्या सम्मति है ?" इस प्रश्न का उत्तर हम तुमसे मिलकर ही दे सकते हैं। तुम्हारी प्रकृति और तुम्हारी परिस्थिति पर विचार करने से मैं तो यही सोचने लगता हूँ कि,

यह भी मुश्किल है वह भी मुश्किल है
सर झुकाए गुजर करें क्यों कर ।

मेरा कलकत्ता आने का इरादा पक्का है। मगर तुमने 'धरम' लेने और 'चूमने' का निमन्त्रण दिया है। इस निमन्त्रण के लिए तैयार होकर आना होगा। अभी बीबी नौकरशाही के मायके से आ रहा हूँ। दाढ़ी रास्पुटिन की तरह बढ़ी हुई है। सर के बाल जटाधारी की सम्पत्ति हो रहे हैं। तुम भावुक ठहरे, सौन्दर्योपासक ठहरे, 'नर्गिस', वल्लभ-ठहरे—मेरी लम्बी दाढ़ी को कैसे अपनाओगे ? इसीलिए जल्द से जल्द थोड़ा बहुत 'चिकना' होकर तुम्हारी भुजाओं में आ रहा हूँ।

सम्भवतः 7-8 अप्रैल तक आऊँगा। मगर एक शर्त है। एक दिन तुम्हें उनको जरूर दिखलाना पड़ेगा जिनकी आँखें ठीक वैसी ही हैं जैसी मेरी और जो तुम्हारी नजरों में मेरी बहन की तरह है।

आशा है, कलकत्ता आने पर तुम्हें 'स-चुण्डी' और 'स-धोती' देखूंगा; 'अ-चुण्डी' और 'स-लुंगी' नहीं।

तुम्हारे ही प्यारे
श्रीगोविन्दहरि शर्म्मा

5

पता

मेरे मुरारीकृष्ण,

Room No 36,

Calcutta College Hostel,

Calcutta.

जकरिया स्ट्रीट,

कलकत्ता

(बारह बजे रात)

.........!

> क्या-क्या लक़ब हैं शौक़ के आलम में यार के,
> काबा लिखूँ कि, क़िब्ला लिखूँ या ख़ुदा लिखूँ।

वाह वाह वाह वाह ! तीस बार सूरज निकला और डूब गया; लम्बे-लम्बे दिन चमके और स्याह पड़ गए; बड़ी-बड़ी रातें आईं और चली गईं; मगर, तुमने एक पुर्जा तक नहीं भेजा ! इसी बीच में मैंने दो ख़त तुम्हारे नाम कलकत्ता-कालेज-होस्टल के पते से भेजे, मगर; कोई नतीजा नहीं। तुम तो ऐसे नहीं थे। मेरे दिल ! मुझे माफ़ करना, क्या पत्थर-परस्त पूरे पत्थर ही होते हैं ?

तुम दे जाने को थे, रामायण की एक अच्छी कापी; क्यों नहीं दे गए ? मेरे पढ़ लेने के बाद—तुम ले जाने को थे, प्रेमचन्द का 'सेवा सदन', मैथिलीशरण की 'भारत भारती' और चतुरसेन शास्त्री का 'अन्तस्तल', क्यों नहीं ले गए ? हफ्तों से ये किताबें मेरी मेज की छाती पर सवार हैं। मैं तुम्हारी हूँ, मेरी मेज तुम्हारी नहीं है। उस 'अनबोलती और अबला' पर ऐसा जुल्म क्यों कर रहे हो ? तुमने कहा था कि··· "15 मई को तुम्हारा हिन्दी में एम्तेहान लूंगा। देखूँगा 6 महीने में तुम उसे कितना समझ सकी हो।" फिर? क्या हुआ उस एम्तेहान का? क्यों नहीं आए ! बेरहम, तुम क्या जानोगे कि तुम्हारे एम्तेहान में 'पास'

होने के लिए मैंने कितनी मिहनत, कितनी दिलचस्पी और कितनी कोशिशों से हिन्दी पढ़ी है। सैकड़ों किताबें फांक गई। पचासों कापियाँ रंग डालीं। पूरी 'विदुषी एण्ड विशारदा' की लियाक़त हासिल कर ली। मगर, तुम न आये—न आये ! इसका क्या मतलब है ? क्या तुम चाहते हो कि तुम्हारी बांदी नर्गिस भी, 'मीरा' की तरह एकतारा हाथ में लेकर 'मुरारी' के पीछे धूनी रमा दे ? और, 'मेरे तौ गिरिधर गुपाल दूसरो न कोई' की तान से ज़मीन और आसमान को दहला दे ? ऐसा भूलकर भी न सोचना। किताबों की मीरा ने 'कालेज' में 'इंगलिश' नहीं पढ़ी थी और तुम्हारी 'नर्गिस' ने पढ़ा है। वह तो ज़रूरत पड़ने पर, मुहब्बत से मुस्कुराकर कह देगी कि—"मधुकर, हम न होंहि वह बेली !"

अच्छा, अब ज़रूरी बातें सुनो। मैं कल से 'ज़करियास्ट्रीट' में अपने अब्बा के एक दोस्त के घर में आ गई हूँ। इधर दो-तीन दिनों में दो-तीन बातें बड़े मार्क की हुई हैं। जिनमें पहली बात यह है कि वह 'याक़ूब का बच्चा' (अब मैं उसे इसी नाम से पुकारूँगी) परसों फिर मुझसे मिलने के लिए होस्टल में आया था। वही, शाम का वक्त था जिस वक्त तुम पहली बार मेरे हुए थे। मैं तुम्हारे ही इन्तज़ार में होस्टल-गेट के सामने वाले बगीचे में टहल रही थी और क्या जाने किस-किस उधेड़-बुन में मशगूल थी। एकाएक फाटक पर बाइसिकिल की घण्टी की आवाज सुनाई पड़ी। मैं सिहर उठी। आँखें भर आईं, चेहरे पर ख़ून दौड़ने लगा। दिल ने सोचा 'तुम आए!" मगर कहाँ ? बाइसिकिल वाले पर नजर पड़ते ही दिल की मुहब्बत ने नफ़रत का जामा पहन लिया। वह याक़ूब था !

"आपको मेरी उस दिन की बातें याद नहीं रहीं न ? आपने अभी उस काफ़िर से अपने को अलग नहीं किया—क्यों ?"

मुझे बड़ा गुस्सा आया। मैंने तीखी आवाज़ से उससे सवाल

किया—

"आप किस हैसियत से यहाँ बराबर तशरीफ़ ले आते हैं ? किसके 'परमिशन' से ?"

"'परमिशन' और हैसियत ?" उसने मुँह बिगाड़कर जवाब दिया—"मैं उसी के 'परमिशन' से आता हूँ जिससे मुरारीकृष्ण आता है। रही हैसियत की बात, सो क्या आपकी नजरों में एक शरीफ़ और पढ़े-लिखे मुसलमान की हैसियत या इज्ज़त उतनी भी नहीं जितनी एक काफ़िर की ?"

"बस ख़त्म कीजिए," मैंने कहा "आपकी ये बातें मैं नहीं सुनना चाहती—नहीं सुन सकती। आप मेरे मालिक नहीं, गार्जियन नहीं। फिर मैं अपने मालिक, गार्जियन और ख़ुदा की बातें भी 'उनके' ख़िलाफ नहीं सुन सकती। आप मेरी भलाई के ख़्वाहाँ हैं, मैं शुक्रिया अदा करती हूँ। बस, अब आप तशरीफ़ ले जायँ।"

उसने कहा—"नर्गिस !"

मैंने कहा—"चुप रहिए ! मेरी मर्ज़ी के ख़िलाफ़ मेरा नाम लेकर इस तरह पुकारते हुए 'एक शरीफ़ और पढ़े-लिखे मुसलमान' को शर्म आनी चाहिए।"

उसने कहा—"ऐसी बे-वफ़ाई ठीक नहीं। मेरी हालत पर रहम करो। मैं ख़ुदा की क़सम खाकर कहता हूँ नर्गिस, मैं तुम्हें प्यार करता हूँ।"

"हा हा हा हा !" मैं हँसी—

कैसी वफ़ा, कहाँ की मुहब्बत, किधर का मेह
वाक़िफ़ ही तू नहीं है कि होता है प्यार क्या ?

"प्यार धमकाता नहीं। प्यार किसी के रास्ते का काँटा भी नहीं

बनता और न बेशर्म ही होता है। मियाँ, तुम क्या जानो प्यार क्या है ?"

उसने कहा—"मेरा प्यार मुसलमान का प्यार है। हिन्दू का प्यार बरफ की तरह ठण्डा होता है, मेरा प्यार आग की तरह धधकता हुआ है !"

"आग लगे तुम्हारे प्यार की आग में" मैंने गुस्से से कहा—"अब आप अपनी प्यार की आग को मेरी आँखों से दूर ले जाइये। मुझे ज्यादा जलाइए मत।"

उसने कहा—"तुम आग से खेल रही हो !"

मैंने कुछ भी जवाब नहीं दिया। आँखें फेर लीं।

'क़सम ख़ुदा की' नाक फुलाकर और मुँह लाल कर उसने कहा—"चाहे मेरी जान चली जाय, मगर, मैं तुम्हें उस हिन्दू बच्चे के साथ हँसते देखना नहीं मंजूर करूँगा याद रखो ! अगर इस मामले में तुम नादानी और नासमझी से काम लोगी तो पछताओगी। ख़ून हो जायगा।"

वह बकता ही रहा और मैं होस्टल की ओर लौटी। दिल में आया कि उसी वक्त तुम्हें एक तार देकर फटकारूँ कि तुम, इस याक़ूब के बच्चे से मुझे क्यों नहीं बचाते ? मगर फटकारती किस बूते पर ? तुमने तो महीने भर से मेरी ख़बर तक नहीं ली। एक बार सोचा—इसी वक्त कलकत्ता-कालेज होस्टल में जाकर तुम्हें ढूंढू। मगर, फिर तुम्हारी बातें याद आईं। तुमने होस्टल में न आने के लिए मुझसे वादा करा लिया है। तुमने कहा था कि—"कालेज-होस्टलों के निन्नानबे फ़ी-सदी युवक इस योग्य नहीं होते कि शरीफ़ औरतें उनके बीच में घूम-फिर सकें।" लाचार, मैं झख मारकर अपने रूम में जाकर पड़ रही। मगर फिर भी, चैन न पड़ा। तुम बहुत याद आये—बहुत याद आये। प्यारे, क्या दिल की इसी कचोट का नाम ही मुहब्बत है ? क्या मुहब्बत के नाम 'लंबी साँसें' 'आँसू' और 'बेकल-करवटें' हैं। आह !

न था मालूम उल्फ़त में कि ग़म खाना भी होता है,
'जिगर की बेकली औ' दिल का घबराना भी होता है।
सिसकनां, आह करना, अश्क भर लाना भी होता है,
तड़पना, लोटना, बेताब हो जाना भी होता है।

यही सब सोचते-सोचते मेरी आँखें लग गईं। इसके बाद किसी ने खाने के लिए जगाया था ऐसा याद आता है, मगर, मैं खाती क्या। मेरी भूख तो महीने भर से न जाने कहाँ ग़ायब हो गई है।

दूसरे दिन सुबह-सुबह किसी ने ख़बर दी कि कामन-रूम में बैठकर कोई शख्स मेरा इन्तज़ार कर रहा है। मैं घबराई। ख़ुदा ख़ैर करे, आज सुबह से ही किसने धरना दिया है। वहाँ जाने पर देखा, इन्तज़ार करने वाले शख्स मेरे अब्बा जान थे। उन्हें एकाएक कलकत्ते में और सवेरे-सवेरे अपने होस्टल में देखकर मेरे फ़रिश्ते कूच कर गए। देखने के साथ ही हज़ार तरह के ख़यालात माथे में चक्कर काटने लगे।

"नर्गिस !"

"अब्बा !"

"मुझे इस तरह एकाएक अपने सामने देखकर तू तअज्जुब में आ गई होगी ? क्यों ?"

मैं चुप रही।

'मैं', अब्बा बोले, "तुझे लखनऊ ले जाने के लिए आया हूँ। आज ही दोपहर की गाड़ी से चलना होगा।"

मेरे चेहरे पर हवाइयाँ उड़ने लगीं, छाती धड़कने लगी, आँखों के सामने अंधेरा-सा दिखाई पड़ने लगा। क्या अब्बा से भाभी ने सारी बातें बता दीं ? ज़रूर ऐसा ही हुआ होगा। नहीं तो ये इस तरह कलकत्ते कभी न आते। अब इनसे कैसे बात करूँ ? क्या कहूँ, क्या न कहूँ ? अब्बा की ग़ैरहाज़िरी में मैं अपने दिल को जितना मजबूत

समझती थी उनका सामना होते ही वह सब मजबूती काफ़ूर हो गई। थोड़ी देर के लिए मेरी दुनिया में केवल दो आदमी रह गए। एक ग़ुस्सावर, संगदिल और ज़बरदस्त अब्बा और दूसरी उनकी सूरत और आँखों से काँपने वाली मैं। मुझे ऐसा मालूम पड़ा कि मैं बेहोश होकर गिर पड़ूँगी। मगर, उसी वक्त तुम्हारी हँसती हुई तस्वीर मेरी आँखों के सामने फिर गई। मैं सँभल गई। मुझे मालूम पड़ने लगा कि तुम्हारी मुस्कराहट के सामने अकेले अब्बा तो क्या सारी ख़ुदाई का ग़ुस्सा भी कोई चीज़ नहीं।

अब्बा ने कहा—"चुप क्यों खड़ी हो, चलने की तैयारी करो। मैं अभी तुम्हारी वार्डेन से भी बातें करता हूँ। अब तुम्हारी पढ़ाई खत्म हो गई।"

"क्यों ?" मैंने पूछा।

"यों ही। मैं यही मुनासिब समझता हूँ।"

मैंने अपने जिस्म की तमाम ताक़त ज़बान में एकट्ठी कर उनसे कहा—

"अब्बा, मैं तो अभी पढ़ूंगी।"

"अच्छी बात है, पढ़ना। मगर कलकत्ते में नहीं घर पर। किसी मेम को ठीक कर दूंगा।"

मैंने कहा—"मैं यहीं रहकर पढ़ना चाहती हूँ।"

अब्बा ने कड़ी आवाज़ से जवाब दिया—"अब यह ग़ैरमुमकिन है। मैं इस बात पर ज़्यादा बहस नहीं करना चाहता, मगर यह कहे देता हूँ कि मुझे तुम्हारी रत्ती-रत्ती की ख़बर है। मेरी बातों का मतलब अगर और साफ़ समझना हो तो लो—देखो।"

अब्बा ने एक लिफ़ाफ़ा मेरे सामने फेंका। उसमें का ख़त निकालकर मैंने पढ़ा। वह याक़ूब का लिखा हुआ था। उस शैतान ने 'हमारी बातों' में ख़ूब नमक-मिर्च लगाकर मेरे अब्बा को लिखा था कि, अगर

आप जल्दी ही कोई तरकीब नहीं सोचेंगे तो आपकी बड़ी बदनामी होगी। और आपकी लड़की एक काफ़िर के साथ निकल जायगी।

'ख़त की बातें ग़लत हैं ?' अब्बा ने जवाब माँगा।

मैंने भी मज़बूती से जवाब दिया—"नहीं।"

"इसीलिए मैं तुम्हें यहाँ से घर ले जाने को आया हूँ।"

"माफ़ करना अब्बा" मैंने कहा—"इसीलिए मैं यहाँ से घर नहीं जाना चाहती, नहीं जाऊँगी। मैंने तय कर लिया है ?"

"क्या तय कर लिया है ?" गरजकर अब्बा ने पूछा।

"यही कि मैं उन्हीं से···।"

"बेशर्म, बेवकूफ़ ! तूने मेरे ख़ान्दान में धब्बा लगाया है।"

"मुहब्बत का नाम 'धब्बा' नहीं है अब्बा।'

"वह काफ़िर है, हम मुसलमान हैं। वह हज़ार भला होने पर भी हमारे लिए बुरा है।"

"वह आदमी है, हम आदमी हैं। हममें न कोई काफ़िर है और न कोई मुसलमान।"

मेरी बातों से वे बहुत नाराज़ हो गए। उनकी आँखें लाल हो गईं, सर के बाल खड़े हो गए। वे, कमरे में धम्म-धम्म पैर पटक कर टहलने लगे।

"तू अन्धी है नर्गिस।"

"आज की दुनिया की आँखों से देखने से अन्धी रहना ही अच्छा है। वे आँखें किस काम की जो आदमी को नफ़रत, बुग्ज़ और कीने की शक्ल में देखें। मैं तो सीधी-सीधी बात जानती हूँ। दुनिया ख़ुदा की है, शेख़ ख़ुदा के हैं, बिरहमन ख़ुदा के हैं, काफ़िर ख़ुदा का है और मुसलमान भी ख़ुदा का है।"

अब्बा चुप रहे। कुछ सोचते और टहलते रहे। इसके बाद कहने लगे—

"मैं सूफी साहब के यहाँ ठहरा हूँ। आज वहाँ एक मज़हबी जलसा है। हमारा वहाँ रहना बहुत ज़रूरी है। उन्होंने तुम्हें भी बुलाया है। चलो, टैक्सी खड़ी है।"

मैंने कहा—"अभी कपड़े पहनकर आती हूँ।"

टैक्सी पर बैठने पर अब्बा ने कहा—"नर्गिस, अगर मैं इसी वक्त तुझे लेकर स्टेशन चला चलूं तो ?"

मैंने कुर्ती की जेब से एक डिबिया निकालकर उन्हें दिखलायी—

"यही मुझे लखनऊ जाने से बचाएगा।"

"इसमें क्या है ?"

मैंने अपने होश में अब्बा के सामने पहली बार मुस्कराकर कहा—

"ज़हर !"

× × ×

सूफ़ी साहब बड़े नेक आदमी हैं। सिर्फ कलकत्ते में ही नहीं हमारे 'प्राविन्स' में भी इनकी इज्ज़त है। मैं इन्हें बचपन से ही जानती हूँ। ये साल में एक बार हमारे यहाँ ज़रूर जाते हैं। सूफ़ी साहब के हज़ारों मुरीद हैं। उनकी आमदनी भी कई हज़ार सालाना की है। मगर उनकी आमदनी का एक-एक पैसा ग़रीब और मुफ़लिस, यतीम और वेवा के पेट में जाता है। वे यहाँ जकरिया स्ट्रीट के…नम्बर के मकान में रहते हैं।

जिस वक्त टैक्सी उनके दरवाज़े पर पहुँची, उनके घर में क़व्वाली हो रही थी। कई मुसलमान ताली बजा-बजाकर गा रहे थे। बाहर से ही साफ मालूम पड़ता था कि पहले सूफ़ी साहब अकेले गाते थे; बाद को बाक़ी लोग एक साथ। टैक्सी से उतरकर हम मकान में घुसे। मगर थोड़ी ही दूर चलने पर मैंने अब्बा को रोका—

"थोड़ी देर ठहर जाइए, यह क़व्वाली ख़त्म हो ले तब चलिएगा। नहीं तो सूफ़ी साहब की मस्ती का तार टूट जायगा।"

अब्बा घर के भीतरी बरामदे में रुक गए। गाने वालों का गाना चलता रहा—

बुत में भी तेरा या रब,
जल्वा नज़र आता है।
बुत ख़ाने के पर्दे में
काबा नज़र आता है।

ओ हो हो! कैसे मौक़े से हम लोग पहुँचे थे। कैसा मौक़े का गाना था। पहला शेर सुनते ही मैंने अब्बा से कहा—

"अब्बा, सुनते हैं?"

अब्बा दाढ़ी पर हाथ फेरकर 'सीरियस' हो गए। गाने वाले आगे बढ़े—

दिल और कहीं ले चल
ये दैरो-हरम छूटें,
इन दोनों मकानों में
झगड़ा नज़र आता है।

मेरी आँखें भर आईं, गला भर आया। ऐसी लकीरों का लिखने वाला शायर था या ख़ुदा? मैंने फिर अब्बा की ओर देखा। मगर उनकी आँखें बन्द थीं। वे खम्भे से टिके हुए न जाने क्या सोच रहे थे।

माशूक़ का रुतबा तो
महशर में कोई देखे,
अल्लाह भी मजनूँ को
लैला नज़र आता है।

इक क़तरए मै जब से
साकी ने पिलाया है,
उस रोज़से हर क़तरा
दरिया नज़र आता है।

"अब्बा !"

"चुप रहो !—चुप रहो !!"

साक़ी की मुहब्बत में
दिल साफ़ हुआ इतना,
जब सर को झुकाता हूँ
शीशा नज़र आता है।
बुतख़ाने के पर्दे में काबा नज़र आता है।

गाना ख़त्म हो जाने के बाद मेरे सर पर हाथ फेरते हुए अब्बा ने कहा—

"नर्गिस, तू ठीक कहती है। मेरा दिल कह रहा है, तू ठीक कहती है। मैं अब तक उसे और तुझे धोका देने और दुनिया को खुश करने की कोशिश कर रहा था। मगर इस वक़्त इस क़व्वाली के बहाने अल्लाह ने मेरे मुँह पर थप्पड़ मारा है। बेशक—इन दोनों मकानों में झगड़ा नज़र आता है। बेशक, बेशक ! मेरे बाल पक गए, मेरी आँखें कमज़ोर हो गईं, मैं चन्द दिनों का मिहमान इस सचाई को क्यों छिपाऊँ ?"

"अब्बा, अब्बा !" मैं उनके कदमों पर गिर पड़ी—"मेरे अब्बा, मेरे अच्छे अब्बा !"

"तू न रो—तू न रो बेटी ! रोना मुझे चाहिए—रोना मुझे चाहिए। गलत रास्ते पर मैं था, मैं हूँ। मैं आज से नहीं तेरी पैदाइश के पहले से ही यही सोच रहा हूँ कि, 'बुतख़ाने के पर्दे में काबा नज़र आता है।' इसमें

तेरा कोई कुसूर नहीं। तू मेरे दिल की तस्वीर ही तो है ? इसमें तेरा कोई कुसूर नहीं।"

उसी वक्त सूफ़ी साहब के पीछे 15-20 आदमियों की भीड़ मकान से बाहर आती दिखाई पड़ी। उन आदमियों में 'याक़ूब का बच्चा' भी था। उसकी ओर नफ़रत से इशारा कर मैंने अब्बा से कहा—

"अब्बा यही वह साहब हैं जिनका ख़त सुबह आपने मुझे दिखाया था।"

याक़ूब ने अब्बा को सलाम किया।

उसे दोआ देकर हाथ मिलाते हुए अब्बा ने कहा—

"भाई, मैं तुम्हारे अहसानों के बोझ से दबा हूँ। तुमने यहाँ बुलाकर मेरी आँखें खोल दीं। अब मुझे पूरा एतबार हो गया कि 'बुतख़ाने के पर्दे में काबा नज़र आता है।"

उस याक़ूब की समझ में कुछ भी न आया। वह भौंचक्का-सा होकर अब्बा का संजीदा और मेरा खुश चेहरा देखने लगा।

उफ़, माई डीयर ! ख़त बेतरह लम्बा हुआ जा रहा है। बारह बजे रात से लिखने बैठी हूँ, और ताक में रखी हुई सूफ़ी साहब की 'टाइम-पीस', पौने चार की ओर इशारा कर रही है। इस वक्त भी मेरी आँखों में तुम्हीं हो, इसमें कोई शक नहीं, मगर तुम्हारी मस्ती नींद से भी बढ़ी हुई है। सुबह 10 बजे से ही अब्बा और सूफ़ी साहब एक कोठरी में बन्द होकर क्या जाने क्या-क्या मशविरा कर रहे हैं। खाने को नहीं निकले, पाख़ाने को भी नहीं निकले। कभी-कभी अब्बा जोश से चिल्लाकर बातें कर रहे हैं और कभी-कभी सूफ़ी साहब। मगर, घबराने की कोई बात नहीं। आसार अच्छे नज़र आ रहे हैं। मिहरबाँ हो जायँगे, ठहरो, सहर होने तो दो !

अब ख़त लिखते-लिखते नींद से बेहोश हुई जा रही हूँ। देखो !

यह क्या करते हो ? आँखों के आगे आकर मुस्कराने क्यों लगे ? उफ़; मेरे 'देवता' ! तुम कितने खूबसूरत—कितने भले—कितने अच्छे—!

फूल गुल, शम्सो क़मर सारे थे,
पर हमें इनमें तुम्हीं भाये बहुत ।

3 अप्रैल 1926
10 बजे दिन ।

9 बजे नींद खुली ! उस वक्त देखा अब्बा और सूफ़ी साहब दोनों ही मेरे ऊपर बड़े मिहरबान थे । अब्बा तुम्हें देखना चाहते हैं । सुना ? समझे ? मेरे राजा ! आह ! मेरे दिल से खुशी का फ़व्वारा छूटना चाहता है । तुम कहाँ हो ?

4 बजे दिन ।

न आना ! न आना, प्यारे ! इस वक्त तो इस मुहल्ले में आग-सी लगी हुई है । सुना है, शहर में कहीं दंगा हो गया है । आर्य-समाजियों के जुलूस पर मुसलमानों ने हमला किया है । यह मुहल्ला मुसलमानों से भरा हुआ है । सभी कट्टर, हज़ारों खूंख़्वार और सैकड़ों बदमाश । छुरे और गंड़ासे, भुजाली और तलवारों की पुकार मची हुई है । मालूम पड़ता है, भारी दंगा होने वाला है । मैं कहती हूँ न, आग लगी है !

इस तूफ़ान में तुम इधर न आना, मेरे दिल ! न आना—न आना —न आना—न आना—!

तुम्हारी
नर्गिस + मुरारी

P. S. न आना—न आना—न आना !

6

पता

श्रीमती सुमित्रा देवी,

C/o पण्डित जयकृष्ण शर्मा,

दारागंज, प्रयाग।

Allahabad.

कलकत्ता-कालेज-होस्टल,
कलकत्ता।
6 अप्रैल 1926 ई०

माँ,

चरणों में सस्नेह, सभक्ति, सादर प्रणाम।

अभी गत 3 री अप्रैल को एक पत्र तुम्हारी सेवा में भेजा था। वह तुम्हें मिल भी गया होगा और बहुत सम्भव है, उस पत्र को पाते ही पिताजी के साथ; अपने एक-मात्र पुत्र को 'विधर्मी' होने से बचाने के लिए तुम कलकत्ता आती भी हो। तुम्हारे फ़ौरन कलकत्ता चले आने का एक कारण और भी हो सकता है। याने, यहाँ के दंगे का समाचार। मगर, मगर देखो माँ, इस पत्र में मैं जो कुछ लिख रहा हूँ उसके अक्षर-अक्षर पर विश्वास करना। और, जब तक मेरा दूसरा पत्र न जाय, तब तक किसी भी हालत में इस ओर पैर न उठाना! इस समय यह शहर नरक का अखाड़ा बना हुआ है। मालूम पड़ता है, यहाँ पर अंग्रेज़ी राज्य है ही नहीं, चारों ओर डण्डा-शाही, ईंटा-शाही, छुरा-शाही, तलवार-शाही, गुंडा-शाही, औरंग-शाही, नादिर-शाही का बोलबाला है। धूर्त नौकर-शाही, अपवित्र नौकर-शाही और इन सब ख़ुराफ़ातों की जड़ नौकर-शाही इस समय घूंघट में मुँह छिपाए है। नौकर-शाही शासन की शक्ति कूटनीति के दृढ़ गढ़ों और अड्डों के भीतर बैठकर हिन्दू-मुसलमानों के सौभाग्य-गढ़ में सुरंगें लगा रही है और अपने भयंकर काले—हाथों को दृढ़ बना

रही है। हत्या, षड्यंत्र और उथल-पुथल का नाम तक सुन लेने पर उग्र रूप से दमन-ताण्डव करनेवाली नौकर-शाही नीति इस समय कूट-लीला-रत है। सड़कों पर भायँ-भायँ हो रहा है और गलियों में सायँ-सायँ। पूज्य पिताजी यदि इस राज्य का यह रूप-रंग देख लें तो इसे रामराज्य के पवित्र नाम से पुकारना तो अवश्य छोड़ दें। चाहे इस समय यहाँ के अंग्रेज़ी मुहल्लों में भले ही शराब-कबाब, नाच और संगीत-स्वर पूर्ववत् ही चलते हों, मगर हिन्दुस्तानी मुहल्लों में तो आफ़त का नज़ारा है। पान-बीड़ी से लेकर हीरा-मोती तक की सभी दूकानें बन्द हैं, बाज़ार बन्द हैं, और कितने 'घरों में ताले पड़े हुए हैं।'

यह पत्र बड़ी मुश्किल से लिख रहा हूँ। तुम्हारे हाथों तक यह पहुँचेगा या नहीं इसमें भी सन्देह है। डाकखाने बन्द हैं। न तो 'डिलेवरी' होती है और न 'डिस्पैच'। किस हिन्दू या मुसलमान डाकिए में इतना साहस है जो डाक पहुँचाने का भार लेकर अपने प्राणों को ख़तरे में डाले। गुप्त और सांघातिक आक्रमणों के मारे घर के बाहर निकलना मुश्किल हो रहा है। हमारा होस्टल चौथी अप्रैल से ही बन्द है। तीन दिनों से मुसलमान गुण्डे लगातार हमारे छात्रावास पर धावा कर रहे हैं। दंगे के पहले होस्टल में रहनेवाले विद्यार्थियों और नौकरों की सम्मिलित संख्या 135 थी। सौ हिन्दू तथा पच्चीस मुसलमान विद्यार्थी और दस सब तरह के नौकर; जिनमें, दो मुसलमान भी थे। मुसलमानों के पहले धावे के वक्त ही, मौक़ा पाकर, सबके सब मुसलमान विद्यार्थी और एक मुसलमान नौकर; मय अपने सामान के होस्टल के बाहर न जाने कहाँ चले गए। बस एक बुड्ढे और नेक, खुदा से डरनेवाले और शरीफ़ मुसलमान ने, इस घोर संकट काल में भी हमारा साथ नहीं छोड़ा। वही इस होस्टल का पन्द्रह वर्ष का पुराना मुसलमान बावर्ची है। जब होस्टल छोड़कर जानेवाले मुसलमान लड़कों ने उससे भी चलने को कहा तो

उसने गम्भीर-वदन होकर उत्तर दिया कि—"ना बाबा, यह मुझसे नहीं होने का। पन्द्रह बरस से जिनका नमक खा रहा हूँ, उन्हें ऐसी मुसीबत में छोड़कर मैं यहाँ से बहिश्त में भी नहीं जाऊँगा। यह तो बेवकूफ़ों की लड़ाई है। ये आज नहीं तो कल सही, झख़ मारकर आपस में मिलने की कोशिश करेंगे। झख़ मारकर भैया, मेरी बातें याद रखना कि कोई बेवकूफ़ कभी कुछ कह रहा था। फिर ऐसे लोगों का साथ देकर मैं अपने दिल और ख़ुदा को क्यों नाराज़ करूँ? जानेवालों ने कहा—"मुसलमानों ने इस होस्टल में आग लगाने और इसमें रहनेवालों को क़त्ल करने का इरादा किया है। मुमकिन है यहाँ रुकने में तुम्हें अपनी जान भी खोनी पड़े।" उसने दृढ़ता से मुस्कराकर जवाब दिया—"अरे भैया, जहाँ इतने आदमी हैं वहाँ कोई डर नहीं। इतने लोगों के साथ मरने में भी मज़ा मिलेगा।" माँ, इसी शरीफ़ मुसलमान ने मेरे ऊपर कृपा कर यह वादा किया है कि यह चिट्ठी किसी-न-किसी तरह बच-बचाकर हबड़ा स्टेशन के डाकखाने में छोड़ आवेगा। इसी की कृपा के बल पर यह पत्र लिख रहा हूँ। मेरा 'कमरा' सड़क और होस्टल-गेट के ठीक सामने तिमंजिले पर है। मैं खिड़की के पास एक कुर्सी पर बैठा हूँ और सामने एक स्टूल पर रखकर उसी से मेज का काम ले रहा हूँ। मेरे चारों ओर ईंटें, पत्थर के टुकड़े, लकड़ियाँ और छोटे-बड़े कई लोहे के टुकड़े रखे हुए हैं। यह इसलिए कि अगर एकाएक मुसलमानों का दल चढ़ आए तो उसका इन्हीं से स्वागत किया जाय। होस्टल-भाण्डार की भोजन-सामग्री तीसरी अप्रैल की शाम से ही समाप्त हो गई है। मैंने पहले पत्र में तुम्हें लिखा है कि, इधर 30-35 दिनों तक मैं बुरी तरह बीमार था। अब इसी कमजोरी की हालत में तीन दिनों से उपवास भी कर रहा हूँ। हम लोगों के पास लकड़ी, ईंट, मेज़, कुर्सी, बर्तन, कपड़े, काग़ज और किताबों को छोड़ ऐसी कोई भी चीज़ नहीं जिसे हम खा सकें। हमारे

तीन ओर मुसलमानों की बस्ती है और एक ओर हिन्दुओं की। हमने टेलीफ़ोन से पुलिस और हिन्दुओं से सहायता भी माँगी है। दोनों ही ओर से सहायता देने की आवाज़ें भी आई हैं। मगर, फिर भी हम तीन दिनों से उपवास कर रहे हैं। हिन्दू तो इधर, मेरा ख़याल है, आ ही नहीं सकते, क्योंकि इस ओर मुसलमान उनसे कहीं जबरदस्त हैं। रही पुलिस। उसने आज सुबह एक बार, होस्टल-गेट पर खड़े होकर हुरदंग मचाने, ईंटें फेंकने, गाली बकने और 'बाहर निकलो साले तो देखूं !' की आवाज़ लगानेवालों को एक ओर खदेड़ा भी था; मगर, व्यर्थ। पुलिस के हटते ही दूसरी ओर से अल्लाह के अन्धे-बन्दों की दूसरी टोली हमारे सिर पर सवार हो गई।

हम, याने हम हिन्दू लोग, बड़े विचित्र हैं माँ। दून की लेना और चौगुन की हाँकना बहुत जानते हैं। मगर, जब असली वक्त सामने आता है, तब अगल-बग़ल झाँकने, सर खुजलाने और खाँसने-खूंसने लगते हैं। हमारी जगह पर अगर सौ मुसलमान, अंगरेज या सिख होते तो कभी भी ऐसी ज़िल्लत में रहना मंजूर न करते। फिर चाहे उनमें से दस-बीस या पचीस समाप्त ही क्यों न हो जाते। मगर, जो जीते रहते वह शान से जीते रहते। हम सौ हैं। नौकरों को मिलाकर हमारी तादाद एक सौ नौ है। हमारे पास सैकड़ों कुर्सियाँ, बीसों छुरे और अनेक डण्डे हैं। अगर हम सब एक बार हिम्मत करके मुसलमानों का सामना करें तो एकाएक हमारा हारना और अपमानित होना मुश्किल हो जाए। मगर वह हिम्मत हममें नहीं। यहाँ तो कोई बीबी का नाम लेकर कलप रहा है और कोई माँ को याद कर औरतों की तरह आँसू टपका रहा है। कुत्तों की तरह जान देने को सभी राज़ी हैं, शेरों की तरह मरने को कोई तैयार नहीं। यह हमारी ही नहीं वर्तमान हिन्दू-जाति की भयानक कमजोरी है। और, इस कमज़ोरी का ही हमारे मुसलमान-दोस्त फ़ायदा उठाते हैं। हम देवता-देवता चिल्लाते

हैं; मगर, जब वे लोग हमारे देवता के रथ पर धावा करते हैं, तब हमारा देवता-प्रेम काफ़ूर हो जाता है। हम देवता को, अपनी नज़रों में विजातियों और विधर्मियों के मुख का थूक पीने, जूते खाने और कुचले जाने के लिए छोड़ अपने अनमोल प्राणों को लेकर भाग खड़े होते हैं। हम बाजा-बाजा चिल्लाते हैं; मगर, सरकार या मुसलमानों की एक चपत सर पर बैठते ही हमारी चिल्लाहट मन्द पड़ जाती है। हम अपनी बात, अपने धर्म, अपने देवता के लिए प्राण दे देना नहीं जानते। बस सारी खुराफातों की जड़ यही है। संसार में कमजोर होना ही पाप है। संसार के सारे पापों के जिम्मेदार वे नहीं हैं जो अत्याचार या व्यभिचार करते हैं, बल्कि वे हैं जो अत्याचारों और व्यभिचारों को सहते हैं। इस समय संसार की सबसे बड़ी पापिनी जाति—हिन्दू-जाति है। इधर चार-पाँच सदियों से उसका पतन पर पतन हो रहा है। वह गिर रही है—गिर रही है—गिर रही है। विदेशी और विजातीय, अपवित्र और नरक के कीड़े सदियों से हमारी माताओं, बहनों, बेटियों और बहुओं का पग-पग पर अपमान करते हैं, अपहरण करते हैं, और उन पर पाशविक अत्याचार करते हैं और हम,—बड़े-बड़े मायावी नेताओं के शब्दों में—'जिनकी नसों में राम और कृष्ण और परशुराम, प्रताप, शिवा और गुरु गोविन्द, इन्द्र और वरुण और कुवेर का रक्त प्रवाहित हो रहा है, इन अत्याचारों को देखते हैं और देखते हैं। दुर्बलों की तरह देखते हैं, गिरे हुओं की तरह देखते हैं, नीचों की तरह देखते हैं, निर्लज्जों की तरह देखते हैं, कायरों की तरह देखते हैं, नामर्दों की तरह देखते हैं।

ठहरो! देखो, फिर हल्ला मच रहा है। शायद वे फिर धावा करने आ रहे हैं। आह! बड़ी कमज़ोरी मालूम पड़ रही है, अभी बहुत कुछ लिखना और कहना-सुनना है। माँ! कौन जाने इस हाय-हाय में दूसरा पत्र लिखने के लिए जीता रहूँगा या नहीं।

अभी को सब गए हैं। दो-तीन सौ से कम नहीं थे। इस बार एक नई और मार्के की बात हुई है। इस दल का नेता वही था, जिसका परिचय मैंने अपने पहले पत्र में तुम्हें दिया था। उसका नाम याकूब है। मैं पहले ही लिख चुका हूँ कि वह हमारे कालेज का बी० ए० का विद्यार्थी है। मैंने यह भी लिखा है कि वह भी उस मुसलमान कन्या को पसन्द करता है। दो-एक बार उसने नर्गिस से पत्र-व्यवहार करने के लिए इशारे-इशारे मुझे सचेत भी किया था। एक बार तो हँसते-हंसते साफ़ कह बैठा था कि देखिए जनाब, आपकी यह मुहब्बत मज़हबी जामा पहन लेने पर खतरनाक भी हो सकती है। उस वक्त मैंने, दिल में कुछ विचलित होकर भी उसकी बातों पर ध्यान नहीं दिया। मगर आज तो वह बड़ा भयानक रूप धारण कर आया था। हाथ में तलवार लिये, लुंगी लगाये और दो-तीन सौ धर्मान्धों और आवारे-बदमाशों को साथ लिए होस्टल के फाटक पर आकर उसने पहले आवाज दी—

"मुरारी कृष्ण ! अजी ऐ पर्दे में रहनेवाले आशिक़ ! ज़रा घूंघट के बाहर भी मुँह निकालो !"

मैंने खिरकी के शीशे से बाहर झाँककर उसे देखा। आख़िर हमारा साथी था, सहपाठी था। बड़ा ढाढ़स हुआ। मैंने पुकारा—

"भाई याकूब, यह सब क्या हो रहा है ? वह देखो ! उन्हें रोकते क्यों नहीं ? इस तरह पत्थर और सोडावाटर के बोतल फेंके जाएँगे तो मैं तुमसे कैसे बातें करूँगा ?"

उसने कहा—"आज तुझसे नहीं तेरी जान से बातें होंगी। तू 'कावर्ड' बिल के बाहर निकलता ही नहीं। तू काफ़िर है, तेरी माँ ने ऐसा दिलेर-दूध हो नहीं पिलाया होगा, जैसा हम मुसलमानों की माएँ पिलाती हैं। सुन ! अब मैं ज़बरदस्ती कल तेरी माशूक़ा नर्गिस को उसके डेरे पर से उठा ले जाऊँगा। इस वक्त मेरे साथ सैकड़ों क्या हजारों आदमी हैं।

किसी मसजिद में ले जाकर कल ज़बरदस्ती उसे अपनी बीबी या बाँदी बनाऊँगा। चूमूंगा-लिपटाऊँगा···।"

"ठहर! वह···काफ़िर लोग उस गली से आ रहे हैं। मैं इस वक्त उनका सामना नहीं करना चाहता। हट जाता हूँ! और, देख; ले! यह ख़त तुझे दे जाता हूँ। यह उसी इस्लाम को बदनाम करनेवाली बदमाश छोकरी का लिखा हुआ है। उसने इसे तेरे पास भेजा था, मगर मैंने अपनी जासूसी से रास्ते में ही हथिया लिया। उसका बाप भी इस वक्त पागल होकर अपनी लड़की की 'पट्टी' से पढ़ रहा है। मगर कोई हर्ज नहीं। मैं कल सब ठीक कर दूंगा।"

"तुझे आगाह करने आया हूँ। बताने आया हूँ। मैं कल उसे अपने कब्जे में करूँगा जिसे तू अपनी बीबी समझना चाहता है। हो सके तो सामने आना और उसके होठों को मेरे होठों की रगड़ से, उसके सीने को मेरे सीने के दबाव से बचाना!"

इतना कहकर अपने दल के साथ वह आगे बढ़ गया और एक खुला लिफ़ाफ़ा होस्टल के बन्द फाटक के भीतर फेंकता गया। उसके पीछे ही, हमारे भाग्य से, हिन्दुओं का भारी दल आया है। उसके नेता हमारी हालत सुन और देखकर व्यग्र हो रहे हैं और हमसे कह रहे हैं कि इस मकान को छोड़कर हम उनके साथ सुरक्षित स्थान में चले चलें। हमारे साथी तैयार हो रहे हैं और मैं तुम्हें यह पत्र लिख रहा हूँ। माँ! याकूब के फेंके हुए लिफाफ़े को मँगाकर मैंने पढ़ा। वह उन्हीं का पत्र है जिनके बारे में इसके पहलेवाले पत्र में मैंने हृदय खोलकर तुम्हें रत्ती-रत्ती बता दिया है। वह मेरी पत्नी हो चुकी है, मैं उनका पति हो चुका हूँ। इस समय सचमुच याकूब उनका अपमान कर सकता है। मुसलमान उत्तेजित होने पर जो कुछ न कर डाले थोड़ा है।

सामने मुसलमान बावर्ची खड़ा होकर पत्र जल्द ख़त्म करने का

आग्रह कर रहा है। आधे से ज्यादा विद्यार्थी अपना बोरा-बिस्तर सँभाल कर फाटक पर खड़े हिन्दू-दल में जा मिले हैं। अब मैं भी पत्र समाप्त कर इस मकान के बाहर जाता हूँ।

मगर—माँ ! मैं कल ज़करिया स्ट्रीट ज़रूर जाऊँगा। उसने तुम्हारे दूध का ताना दिया है; हिन्दू जाति को ललकारा है और एक हिन्दू की हृदय-प्रतिमा को भ्रष्ट करने की धमकी दी है। प्राण देकर भी मैं याकूब के सामने डटा रहूँगा। माँ ! यह तुम्हारे दूध का सवाल है और धर्म का सवाल है। मेरे मान का सवाल है और मनुष्यता का सवाल है। यहाँ झुकना ठीक न होगा। ऐसी अवस्था में मर जाने पर भी मैं तुम्हारा मुख उज्ज्वल और तुम्हारा हृदय गद्‌गद कर दूँगा।

रोना मत, घबराना मत, और यहाँ आना भी मत ! ऐसा मत समझ बैठना कि मैं मर ही जाऊँगा। मरना खेलवाड़ नहीं। जरा शान्ति होते ही पत्र लिखूँगा—तार दूँगा।

इस समय बस—

तुम्हारा

···छोटे

7

पता

श्रीमान 'प्रताप'-सम्पादक

Pratap Press,

Cawnpore City.

बड़ा बाजार
कलकत्ता
8-4-1926

सम्पादकजी,

गत कल से ही कलकत्ता आ गया हूँ। मेरे कानपुर छोड़ने के पहले आपने जो आग्रह किया था वह मुझे भूला नहीं है। आपने कहा था कि—"वहाँ पहुँचते ही जहाँ तक सम्भव हो जल्द कलकत्ता के दंगे की विस्तृत और सच-सच खबर भेजना।" उस समय मैंने आपसे निवेदन कर दिया था कि मैं तो अपने एक बड़े सुन्दर और सजीले, मस्त और हठीले मित्र से कई वर्षों के बाद मुलाकात करने जा रहा हूँ। और जा रहा हूँ 'नाइ-नटी नाइन पर-सेण्ट' एक अद्वितीय राष्ट्रीय कार्य करने। याने, एक हिन्दू युवक और ब्राह्मण, मित्र और बन्धु, प्रियतम और अभिन्न को यह सलाह देने कि—यदि आत्मा कहता हो, यदि भीतर की पवित्र-ध्वनि स्वीकृति देती हो, तो वह उस 'यवनी नवनीत कोमलांगी' से व्याह कर लें जिसकी खूबसूरत तस्वीर उनकी आँखों में दिन और रात और रात और दिन टंगी रहती है! आप मेरी बात सुनकर चश्मा साफ करते-करते बड़े जोर से हँस पड़े थे—"गोविन्दजी, आप भी बैठे-बैठे एक-न-एक ख्वाब हमेशा ही देखा करते हैं। इस तरह का उथल-पुथलकारी हिन्दू-मुस्लिम एका! आपके वह मित्र कहाँ के रहनेवाले हैं? उनकी जाति क्या है?" मैंने कहा था—"वह प्रयाग के एक प्रसिद्ध ब्राह्मण रईस के पुत्र हैं।" "तब तो हो चुका! तब तो हो चुका!" आपने उत्तर दिया था—

"यह आसमाँ जमीं से मिलाया न जाएगा।" मैंने कहा था—"मुझे तो इसमें कोई आपत्ति नहीं मालूम पड़ती। स्त्रियाँ तो रत्नों की तरह सदा पवित्र हैं। किसी भी जाति की स्त्री को, किसी भी जाति के पुरुष को, मन मिलने पर प्रसन्नतापूर्वक ग्रहण कर लेना चाहिए। यही हम आर्यों का सनातन धर्म है। यदि इस विषय पर अधिक बहस कीजिएगा तो मैं प्रमाण में पुराणों को पेश करूँगा, जिनमें ऐसी अनेक कथाएँ हैं जिनसे यह साबित होता है कि उस समय के आर्यऋषि या नरेश, इच्छा होते ही, किसी भी जाति की स्त्री को सहर्ष ग्रहण कर लेते थे। महाभारत के धनुर्धर और गदाधरों ने तो नाग और राक्षस कन्याओं को भी नहीं छोड़ा था। उनको भी जाने दीजिए, अभी कल की बात है, संस्कृत भाषा के प्रचण्ड-विद्वान, महाकवि, पण्डितराज जगन्नाथ ने छाती ठोककर एक मुसलमानिन को अपनी अंगशायिनी बनाया था। उनको भी जाने दीजिए, वर्तमान हिन्दू समाज को ही लीजिए। धर्म-धर्म, आचार-आचार, हिन्दू-हिन्दू और मुसलमान-मुसलमान कौन चिल्लाता है ? केवल दरिद्र और केवल मूर्ख। जिनके पास पैसे हैं, जिन्होंने भगवती शारदा को अपनी चेरी बना रखा है, जो बली हैं, उनसे कोई कुछ नहीं पूछता। फलाँ जगह के महाराज दिन भर शराब ही पीकर जीते हैं। जल उन्हें पचता ही नहीं, अतः चाँदी की पवित्र कटोरी में शुद्ध-विलायत की ह्विस्की ढाला करते हैं। इतना ही नहीं वे पञ्च 'म'—कारी भी हैं। अपनी रियासती बहू और बेटियों को आये दिन, एक-न-एक ढोंग और एक-न-एक धर्म की आड़ में छिपाकर नष्ट किया करते हैं। हज़ारों उनकी उप-पत्नियाँ या रण्डियाँ हैं। कई सौ हिन्दू, सैकड़ों मुसलमान और पचासों गोरी-बीबियाँ। इतना सब होते हुए भी वे हमारे व्यवस्थापकों की दृष्टि में द्विजराज और सनातन धर्म के सिरताज हैं। बड़ी-बड़ी, पुराण-रक्षिणी-सनातन-धर्म सभाओं के सभापति हैं—क्या हैं—क्या है। वही क्यों !

समाज में जिसके पास पैसा है वही, खुले आम मुसलमान-वेश्याओं को रखता है और फिर भी समाज इसे क्षमा करता है। क्षमा ही नहीं, पैसे-वाले दुराचारी वेश्यागामियों की ओर आकांक्षा और लालसा-मयी दृष्टि से देखता भी है। फिर महाराज ! बताइए, यह आसमां ज़मी से क्यों न मिलाया जायगा ? यदि मुसलमान वेश्याओं के 'प्रवेश' से सनातन-धर्म का रंग-मंच अपवित्र और नष्ट नहीं हो जाता तो, मुसलमान कन्याओं के प्रवेश से कैसे भ्रष्ट हो जायगा ?" मेरी बातें सुन आपने कहा था— "अच्छा भाई, अभी से मुझे इस झगड़े में आप क्यों घसीट रहे हैं ? पहले वहाँ जाकर अपने मित्र को और उनकी परिस्थिति को देखिये समझिये भी। मगर मेरी बात न भूलिएगा। वहाँ के समाचारों को फौरन लिखि-एगा। मुझे कोई विशेष आपत्ति नहीं। आपके मित्र प्रसन्नतापूर्वक उस यवनानी को ग्रहण करें। हमें अपने पाठकों के मनोरंजनार्थ एक सुन्दर, समाचार मिल जाएगा—हा हा हा हा !"

सम्पादकजी, आप मन में ऊबते और खीझते होंगे कि "यह बेव-कूफ़ मेरी ही बातों को हजार मील दूर से मेरे पास लिखकर क्यों भेज रहा है ? मैंने तो इससे वहाँ के दंगे का समाचार लिखकर भेजने को कहा था।" सचमुच मैं इस समय किंकर्त्तव्यविमूढ़ हो रहा हूँ—बेवकूफ़ बना बैठा हूँ। कानपुर की अपनी और आपकी बातों को एक बार पुनः लिखने का अभिप्राय यही है कि आपको एक बार पुनः याद पड़ जाए कि मैं यहाँ किस प्रेम-मय व्यापार के लिए आया था। मगर, अफ़सोस ! यहाँ आने पर सारे मंसूबों पर पानी फिर गया। इस समय मुझे चारों ओर अन्धकार ही अन्धकार दिखाई पड़ता है। अस्तु, मैं यह पत्र लिखकर आपसे प्रार्थना करता हूँ कि, आप मुझे क्षमा करें। मैं अवकाश और सहू-लियत होते हुए भी आपके पत्र के लिए यहाँ की घटनाओं की रिपोर्ट नहीं भेज सकता। मेरा माथा काबू में नहीं है। मेरे होश ठिकाने नहीं हैं।

इसका कारण बताने के लिए मुझे आपके सामने अपनी, कलकत्ता की डेढ़ दिनों की दिनचर्य्या रखनी होगी।

7 अप्रैल को 6॥ बजे हृदय में आनन्द और भय के अनेक भाव लेकर हवड़ा स्टेशन पहुँचा। आनन्द था, कई वर्षों बाद अपने अभिन्न-हृदय के दर्शनों की आशा में, और भय था, कलकत्ता के दंगे की अफ़वाहों में। रेल ही में यात्रियों को सतर्क पाया। सब फुसफुसा रहे थे कि कलकत्ता के दंगे के कारण हिन्दू-मुसलमानों के भाव ऐसे भयंकर हो गए हैं कि कलकत्ता जानेवाली गाड़ियों में भी खून और हत्या हो जाती है! मैंने खुद नहीं देखा; मगर, स्टेशन के बाहर आने पर एक गुजराती हिन्दू ने मेरे कान के पास आकर कहा—"देखा नहीं, इस गाड़ी में भी दो-तीन मुर्दे पाए गए हैं। यह तो कहो, ग़नीमत हुई, हम बच गए!" मैंने हँस कर उत्तर दिया—"भाईजी, बच कैसे गए? अभी तो समूचा कलकत्ता सामने रखा है। इससे बचे तो समझिए सबसे बचे!" खैर। मैंने पहले ही सोच रखा था कि ठहरूँगा बड़ा बाज़ार नं०···में, अपने मारवाड़ी मित्र के पास, और फिर वहीं से मुरारी से मि..ने के लिए उनके होस्टल में जाऊँगा। यही किया भी। एक सिख की टैक्सी पर जा बैठा और बोला—

"बड़ा बाजार पहुँचा दोगे?"

"पहुँचा तो दूंगा, मगर आप हैं कौन?"

"हिन्दू, ब्राह्मण, आदमी।"

सिख हँसा—"बिगड़िये नहीं बाबूजी, आजकल यहाँ साले मुसलमानों ने अन्धेर मचा रखा है। वे सभी को धोका देते हैं और सभी हिन्दुओं को तंग करते हैं। इसी से हम लोग बहुत समझ-बूझकर केवल हिन्दू सवारी बैठाते हैं।"

मैंने पूछा—"रास्ते में कोई ख़तरा तो नहीं है?"

उसने कहा—"इधर देखिए, हम दो भाई हैं। दोनों दो तलवारें लेकर आपके साथ मोटर पर चल रहे हैं। अगर रास्ते में कहीं खतरा है, तो वह पहले हमारे लिए है, फिर आपके लिए ! हमारे जीतेजी कोई आपकी ओर कड़ी आँखों से ताक भी नहीं सकता। मगर बाबूजी, चलने के पहले हम आपकी 'चोटिया' और 'जनेऊ' देख लेंगे, तब चलेंगे।"

मुझे कोई भी आपत्ति न हुई। मैंने सहर्ष अपनी लम्बी चोटी और मोटा जनेऊ उनके आगे नज़र किया। वे मुझे लेकर पों-पों करते रवाना हुए। हवड़ा-पुल पार हो जाने के बाद मुझे चार-पाँच फ़र्लांग और आगे जाना था। कुल चार-पाँच मिनट का रास्ता था। मगर उतने में ही मैंने समझ लिया कि दंगे का कलकत्ता कैसा था। सुनसान—चुप—भयानक ! सिखों ने दो-चार जगह पटरियों पर रक्त चिन्ह दिखाये—यहाँ—छुरे चले थे बाबू। यहाँ खून हुआ था बाबू।" मारवाड़ी मित्र के यहाँ पहुँचने पर मालूम हुआ कि अब शान्ति हो रही है। एक हफ्ते तक भयानक रक्त-लीला दिखाने के बाद अब मुसलमान-गुण्डे कुछ दम ले रहे हैं। मुरारी और उनके होस्टल का पता पूछने पर उक्त मारवाड़ी सज्जन ने कहा—"उस होस्टल वाले तो बड़ी मुसीबत में पड़ गए थे। उस पर मुसलमानों ने कई बार धावा किया था। उसमें के विद्यार्थी तीन-तीन दिनों तक केवल पानी पीकर रह गए। अभी कल हमारे हिन्दू दल ने उनका वहाँ से उद्धार किया है।"

मैंने उत्सुक होकर पूछा—"वे लोग वहाँ से निकल कर कहाँ गए ?"

मित्र ने कहा—"कुछ लोग हवड़ा-स्टेशन, कुछ लोग अपने-अपने मित्रों के घर और कुछ लोग जहाँ जी में आया वहाँ।"

मैंने घबराकर पूछा—"और मुरारी ? वह कहाँ गया ?"

"कौन मुरारी ? आप किसे पूछते हैं ?"

वह मारवाड़ी सज्जन मेरे परिचित थे, मुरारी के नहीं। मुझे उनकी

बातों से बड़ी निराशा हुई। मैं मन ही मन कुछ घबरा-सा गया ? सोचने लगा, अब उसे कहाँ ढूँढ़ू, इस समय कलकत्ता में किसी को ढूंढ़ निकालना कोई खेल तो है नहीं। मैंने घड़ी देखी। सवा आठ बजे थे।

"आपकी मोटर खाली है ?" मैंने मारवाड़ी मित्र से पूछा।

"मोटर खाली है, शोफ़र खाली है और (अपनी ओर इशारा कर) आपका यह नौकर भी बिलकुल खाली है। मगर पहले आप नहा लें, कुछ खा लें।" नहाने-खाने को जी नहीं चाहता था मगर, शिष्टाचार और लोकाचार की रक्षा करनी ही पड़ी। यह सब करते-करते पूरे बारह बज गए। याने, सात अप्रैल का मध्याह्न हो गया। मैंने सेठ से कहा—"सेठजी, अब तो मैं अपने भाई की खोज में जरूर जाना चाहता हूँ।" उन्होंने कहा—"खुशी से। यह सेवक भी आपके साथ चलेगा। अरे—ओ ! मोटर तैयार कराओ !" अभी सेठ कपड़े पहन ही रहे थे कि उनके एक हट्टे-कट्टे और मजबूत सिख-जमादार ने आकर कहा—"बाबूजी, अभी-अभी एक हिन्दू जवान मारा गया है !"

"कहाँ ? कहाँ ??" हम दोनों ने एक साथ ही और एक ही स्वर में समाचार सुनानेवाले से प्रश्न किया।

उसने गम्भीर होकर उत्तर दिया—

"जक़रिया स्ट्रीट में।"

"जक़रिया स्ट्रीट में ?" सेठ ने कहा—"वहाँ कोई हिन्दू क्यों गया? कैसे गया ? वह तो मुसलमानों का अड्डा है। वह हिन्दू कौन था जी ? कुछ मालूम हुआ ?"

"कौन था, यह तो नहीं कहा जा सकता; हाँ, कहनेवालों ने बताया है कि कोई बड़ा ही सुन्दर जवान था। उफ़ ! बाबूजी, सुना है उन बदमाशों ने उसकी बोटी-बोटी अलग कर दी।"

सम्पादकजी, मुझे नहीं मालूम था कि यह जक़रिया स्ट्रीट क्या

बला है। इसके पहले मैंने उसका नाम भी नहीं सुना था। मगर, एक मुसलमानी मुहल्ले में किसी 'बड़े ही सुन्दर जवान' का ख़ून सुनकर मेरा ख़ून सूख गया ! न जाने क्यों मन में धक्-धक् होने लगा। आँखों के सामने धुँधला दिखाई पड़ने लगा। मैंने सेठ से कहा—

"ज़क़रिया स्ट्रीट कहाँ है ?"

"थोड़ी ही दूर पर—क्यों ?"

"एक बार वहाँ जाना चाहता हूँ।"

"ज़क़रिया स्ट्रीट जाइएगा ? और ऐसी हालत में जब कि सुन रहे हैं कि अभी-अभी एक ख़ून हो गया है ?"

"हाँ···"

"क्यों ?"

"नहीं कह सकता क्यों ? मगर मुझे अपने भाई को खोजना है। बस चलिए—बस। घबराइये नहीं। चलिए पुलिस स्टेशन से कुछ सिपाहियों को साथ ले लिया जाय।"

बड़ा बाजार-पुलिस-स्टेशन के इंचार्ज को सारी कथा सुनाकर उनसे पाँच सिपाहियों को अपनी सहायता के लिए मैंने माँगा। उन्होंने कहा कि—"थोड़ी देर पहले ज़क़रिया स्ट्रीट में किसी हिन्दू के मारे जाने की खबर हमें मिली है। पुलिस का एक दल उधर गया है। फिर भी आप ख़ुशी से पाँच सिपाहियों को अपनी मोटर में बैठाकर ले जायँ।" इन्चार्ज महोदय को धन्यवाद देकर और सिपाहियों को मोटर में बैठाकर हम ज़क़रिया स्ट्रीट की ओर चले।

ज़क़रिया स्ट्रीट में घुसते ही हमारी नज़र उस दल पर पड़ी। हमारी मोटर से तीन-चार बीघे की दूरी पर एक मोटर-लारी को घेरे, पन्द्रह-बीस पुलिसवाले, कई सार्जन्ट और अनेक और आदमी आ रहे थे। हमने ड्राइवर से मोटर की चाल मन्द करने को कहा। मेरा कण्ठ सूखने लगा,

कलेजा मुंह को आने लगा। सउ मोटर में क्या है ? कौन है ? क्या उसी में उस 'बड़े ही सुन्दर जवान' का शव लादकर पुलिस ले जा रही है ? हाँ, है तो ऐम्बुलेन्स-कार ही। अरे ! सेठजी, सेठजी ! वह देखिए —वह ! वह सुन्दरी कौन है ? वह देखिए। देखा ? अपूर्व-रूप है। अद्वितीय यौवन है।

उस स्त्री को देखकर मेरे मारवाड़ी मित्र भी जरा सकपकाये—

"पण्डितजी क्या उसे आप पहचानते हैं ? उसका रूप तो ठीक आप ही ऐसा है।"

"मेरे ही ऐसा रूप !! आयं !" मुझे प्रियतम मुरारी के पत्र के वे शब्द याद आ गए—"तुम्हारी-सी आँखें, तुम्हारा-सा सुन्दर मुख, तुम्हारी-सी मधुर मुस्कराहट, तुम्हारी तरह नाक, तुम्हारे से ओठ !"—आयँ—मेरे ही ऐसा रूप !! तो क्या—तो क्या—?

मुझे भूल गया कि मैं मोटर पर बैठा था। मुझे भूल गया कि मैं मृत्यु के अखाड़े कलकत्ता और कलकत्ता के नरक ज़करिया स्ट्रीट में था, मुझे भूल गया कि मेरे साथ चार भले आदमी और हैं। बिना दरवाजा खोले ही मैं मोटर के बाहर सड़क पर कूद पड़ा। होश तब हुआ जब घुटने फूट गए ! रक्त बहने लगा। मगर वह होश भी क्षणिक था। शरीर को चोट लगी थी। उसी चोट का अनुभव ही होश का रूप धरकर आया था और मुझे बता गया था कि तुम्हारे घुटने बुरी तरह फूट गए हैं। मगर, घुटनों की ओर कौन देखता ? मुझे तो मोटर के भीतर के शव को देखना था। मुझे तो मोटर के बाहर की सुशीला-सुन्दरी का परिचय प्राप्त करना था। मैं दौड़ा उस सामने आते हुए सरकारी जनाजे की ओर। और, तब तक दौड़ता ही रहा जब तक कि उस दल के साजेंटों ने 'बलवाई समझकर' मेरी ओर बन्दूकें सीधी नहीं कर लीं, और, डाँटकर ललकारा नहीं कि—ठहरो !"

"मुझे रोको मत ! मुझे रोको मत !!"

दो बन्दूकें मेरी छाती के दाहने-बाएँ, मुँह अड़ाकर अड़ गईं। एक सार्जेंट ने फिर कड़ी आवाज़ से मेरा स्वागत किया—

"किढर जाटा हाय ?"

"मैं देखूंगा—मैं फ़क़त देखूंगा।"

"क्या डेकेगा ?"

"गाड़ी के भीतरवाले को !"

इसी समय सेठजी की मोटर भी आ गई। सेठजी को उस दल के बहुतों ने पहचाना। उन्होंने सार्जेंटों को बतलाया कि मैं कौन हूँ और किस उद्देश्य से यहाँ आया हूँ। मगर मुझे ये बात पीछे मालूम हुई। उस वक़्त का तो यही ध्यान आता है कि मैंने उन सबको ढकेलकर एम्बुलेन्स-कार तक अपना रास्ता बनाया। मैं झपटकर 'कार' पर चढ़ गया। वहाँ पर एक क्षण में, एक दृष्टि में देखा, 'उन्हीं' के आकार का एक 'शव' कपड़े से ढांक कर 'स्ट्रेचर' पर चित्त रखा था। चारों ओर रक्त का पनाला बह रहा था !

वह मुँह कपड़े से ढँका था—मैंने खोल दिया। वह मुँह भयानक शस्त्रों के क्रूर आघातों से ढँका था। वह मुँह रक्त की अगणित धाराओं से ढँका था। निर्जीव होने पर भी, वह मुँह गौरव और वीरता, प्रसन्नता और प्रेम से आच्छादित था। मैंने उस सुन्दर और प्रिय मुख को, हज़ार विकृत होने पर भी, फौरन पहचान लिया ! आह ! फौरन।

वह वही मुख था, जिसे जीवन के उषःकाल में अतृप्त आँखों से, आँखें फाड़-फाड़कर, देखा था—देखा था—देखा था ! वह वही मुख था, जिसका सामना होने पर, मेरे हृदय की सूखी से सूखी कली हरी हो उठती थी—खिल पड़ती थी। वह वही मुख था, जिसके दर्शन मात्र से मेरे अन्तस्तल की स्वर्गीय स्वरलहरी लहरें लेने लगती थी। वह वही

मुख था, जिसकी छबि के आगे मैंने एक दिन तुलसीदास के 'कोटि-मनोज लजावन हारे' की छबि को भी नगण्य समझा था। वह वही मुख था, जो मेरा स्वर्ग था, अपवर्ग था, हर्ष था, आदर्श था, कल्याण था, प्राण था। वह वही मुख था—वह वही मुख था !

अपने हृदय के हृदय, प्राणों के प्राण की वह गति देखकर मुझे तो काठ मार गया ! मेरी सिट्टी गुम हो गई। अब क्या करना और क्या न करना चाहिए इसका कुछ ज्ञान ही न रहा। हृदय में एक साथ अनेक भावों के भयंकर तूफ़ान उठने लगे। कभी क्रोध आता था—प्रियतम के हत्यारों पर— विक्षुब्ध-समुद्र की तरह, खौलते हुए बड़वानल की तरह, आग उगलते हुए ज्वालामुखी की तरह। कभी करुणा आती थी—प्यारे की उस अवस्था पर—विधवा के हृदय की तरह, माँ के विलाप की तरह, रामहीन दशरथ की तरह। मैं न जाने कब तक बेहोश-सा उसी एम्बुलेन्स-कार में, प्रियतम के शव के पास घुटने टेके बैठा रहा। न रोता था और न हँसता ही था; न काँपता था और न हिलता ही था।

किसी ने मेरा हाथ पकड़ा—

''नीचे उतरो, थाने चलना है। हम लोग कब तक यहाँ रुके रहेंगे ? देर हो रही है।''

मैं चुपचाप—एक ठण्डी साँस खींचकर—नीचे उतर आया। उस वक्त मुझे ज्ञान हुआ कि संसार में प्रियतम मुरारी के शव, और मेरे सन्तप्त हृदय के अलावा भी कुछ चीज़ें हैं। सबसे पहले मेरी दृष्टि शोक, वज्राहता नर्गिस पर पड़ी। उसकी आँखें लाल थीं, कपोल पीले और ओठ सुफ़ैद। बिखरे बालों और अस्त-व्यस्त वस्त्रोंवाली वह अभागिनी बिल्कुल शून्य-सी खड़ी थी। मैं चुपचाप उसके सामने चला गया—

''बहन !''

एक बूढ़े मुसलमान ने मेरे सामने आकर, आँखों में आँसू भरकर,

मुझसे कहा—

"बेटा, खुदा के लिए इस वक्त माफ़ करो। मेरी बदक़िस्मत बेटी इस वाक़या से क्या जाने क्या हो गई है। ग़ज़ब टूट पड़ा है भैया, मेरे कमज़ोर सर पर ग़ज़ब टूट पड़ा है!"

"वह कैसे मारे गए? यही पूछते हो न?" नर्गिस ने मेरी ओर देखकर कहा—"बताती हूँ। अब रोते-रोते और छाती पीटते-पीटते थक गई हूँ। दिल के ख़ज़ाने में अब ऐसी कोई भी चीज़ नहीं बची जिसे वह आँखों को आँसू बनाने के लिए दे। न पानी और न खून ही। अब बता सकती हूँ। सुनो! वह मुर्दों और डरपोकों की तरह नहीं; शेरों की तरह मारे गए। उनके पास भी छुरा था, उनके हाथ में भी डण्डा था। अगर वह दोज़खी-कुत्ता, वह इसलाम के मुँह पर का कालिख, वह याक़ूब—पचासों बदमासों के साथ न होता तो वह जल्द थोड़े ही मारे जाते। वह न जाने कब से, और न जाने कितनी दूर से, लड़ते और बचते मेरे दर्वाज़े तक आए। जोर से आवाज़ दी—'नर्गिस, मैं आ गया!' उनकी आवाज़ और हो-हल्ला सुन मैंने कोठे की खिरकी से झाँककर देखा। देखा सैकड़ों क़साई एक गाय को, सैकड़ों शैतान एक आदमी को बुरी तरह मार रहे थे। मेरे देखते-देखते उन बदमाशों ने मेरे कलेजे के टुकड़े-टुकड़े कर दिए! आह, वह नजारा! कभी न भूल सकूंगी, कभी न भूलूंगी!"

एकाएक नर्गिस की त्यौरियाँ चढ़ गईं। उसने पगलियों की तरह तड़प कर कहा—

"तू भी शैतान मालूम पड़ता है। तू भी मुसलमान मालूम पड़ता है। हट जा, हट जा मेरे सामने से! देखता नहीं है, मैं एक हिन्दू की स्त्री हूँ? देखता नहीं है मेरे माथे में सिंदूर लगा हुआ है? रक्त का सिंदूर! उनकी छाती के खून का सोहाग!! देखता नहीं है?"

प्यारे मुरारी के वियोग में नर्गिस की अवस्था देखकर मेरे पत्थर-

प्राण पिघल गए ! अब तक थमा हुआ आँसुओं का स्रोत फूट पड़ा । मैं रोने लगा—

"बहन !"

"अब रो के क्या होगा ?" नर्गिस ने कहा—"अब रो के क्या होगा ? तुम आदमी हो ? तुम आदमियों को प्यार करते हो ? तो; रोओ मत । आओ, मेरे पीछे । चलो मेरे साथ । हम उस शैतानी मज़हब के काले धब्बे को ज़मीन के दामन पर से मिटा दें जो आदमी का खून पीना, आदमी का क़त्ल करना, सवाब समझता है । ऐसे शैतान और ऐसे नापाक मज़हब के उठ जाने पर खुदा खुश होगा, फ़रिश्ते नाचेंगे, आसमान फूल-फूल हो उठेगा, बरस पड़ेगा !"

× × ×

सम्पादकजी, अब अधिक लिखा नहीं जाता । शक्ति नहीं, हृदय नहीं । उसी वक्त से मेरा परिचय पाकर नर्गिस ने मुझे छोड़ा नहीं । वह और उसके बाप दोनों ही मेरे मारवाड़ी मित्र के पवित्र अतिथि हैं । बाप—ख़ानबहादुर और धनी, बुद्धिमान और बूढ़ा—हज़ार गिड़गिड़ा रहा है कि बेटी भूल जा और घर चली चल । मगर, बेटी पागल है, बेहोश है । वह तो मुसलमानों का नाश करके ही दम लेगी । इस्लाम को मिटाकर ही घर लौटेगी । उसने पुलिस से, मैजिस्ट्रेट से, पुलिस-कमिश्नर से, सबसे कह दिया है कि—"मैं बालिग़ और पढ़ी-लिखी और समझदार हूँ । मैंने खूब समझकर हिन्दू-धर्म स्वीकार किया है । अब मैं हिन्दू हूँ ।" वह मेरे साथ कानपुर, प्रयाग, काशी, स्वर्ग, नरक कहीं भी जाने और मुसलमान संस्कृति के विरुद्ध प्रचार करने को तैयार है ।

मैं भी उसे छोड़ूँगा नहीं । वह मेरी बहन है । मेरे प्राणों की प्रेयसी है । उफ़ ! सम्पादकजी; आप यहाँ नहीं हैं, नहीं तो देखते अभागिनी

नर्गिस के इस निराश-सौन्दर्य को। मेरे सामने ज़मीन पर उदास बैठी हुई वह धीरे-धीरे गुनगुना रही है—

न किसी की आँखों का नूर हूँ
न किसी के दिल का करार हूँ !
जो किसी के काम न आ सके
मैं 'व' एक मुश्त गुबार हूँ !
न तो मैं किसी का रकीब हूँ
न तो मैं किसी का हबीब हूँ !
जो बिगड़ गया 'व' नसीब हूँ
जो उजड़ गया 'व' दयार हूँ !
मेरा रंग-रूप बिगड़ गया
मेरा वक्त मुझसे बिछड़ गया !
जो चमन ख़िज़ाँ से उजड़ गया
मैं उसी की फ़स्ले-बहार हूँ !

अब उसने गुनगुनाना बन्द कर दिया और उदास मुख से मुझसे पूछ रही है कि मैं उसे मुरारी की माँ के दर्शन कब कराऊँगा ?

मैं जल्द ही यहाँ से प्रयाग चला जाऊँगा और फिर कानपुर आऊँगा।

इस समय—बस।

सर्वस्व-हीन

श्रीगोविन्दहरि शर्मा

हिन्दी कथा-साहित्य से

('प्रसाद' रचित) 'कंकाल' में व्यभिचारियों की कथा है। यही विषय 'उग्र' जी के भी उपन्यासों का है। तारा और यमुना की जो जीवन-गाथा है वही 'दिल्ली का दलाल' की भी कथा है। 'उग्र' जी ने स्पष्ट कहा है कि यदि कोई माई का लाल सत्य के तेज से मस्तक तान, यह कहने का दावा करे कि तुमने जो कुछ लिखा है, समाज में ऐसी घृणित, रोमांचकारिणी, काजलकाली तस्वीरें नहीं हैं, तो मैं उसके चरणों के प्रहारों के नीचे हृदय-पाँवड़े डालूंगा। पर उनकी कथाओं के सम्बन्ध में कहा गया है कि उनके वर्णन की शैली रस-लोलुप श्रृंगारिकता से पूर्ण है। उसमें जो कलुषित व्यापार प्रदर्शित हुए हैं वे अनुचित, वासना-पूर्ण तथा उत्तेजक हैं। 'कंकाल' को भी पढ़कर श्री कालिदास कपूरजी का भी यही विश्वास हो गया था कि अश्लीलता फैलाना 'कंकाल' का उद्देश्य है। किन्तु श्री नन्ददुलारे वाजपेयी का कथन है कि वे हिन्दी उपन्यासों की छिछली धारा में ही तैरते रहे। देखना यह है कि अश्लीलता स्वयं साध्य बनी हुई है या साधन बनकर किसी अन्य लक्ष्य की ओर हमें ले जाती है। उनके कहने का तात्पर्य यह है कि 'कंकाल' में व्यभिचारों की जो कथा है, वह समाज के अत्याचारों की और पाखण्डों की कथा है। समाजपीड़ा, दम्भ, दुर्गुणों का भंडाफ़ोड़, नकली और खोखले आदर्शों की निस्सारता, अनर्थकारी बन्धनों की जटिलता के प्रदर्शन पग-पग पर करते हैं। समाज का यह रूप देखकर हम आशंकित और क्षुब्ध होते हैं, पर, अश्लीलता की शिकायत नहीं करते। अश्लीलता की यह व्याख्या